アラフィフマンガ家が慌ててFPの先生に聞いた

フリーランス・自営業者のための知っておきたいお金と老後

あべかよこ

解説・前田信弘

JN070716

日本能率協会マネジメントセンター

フリーランス・自営業者のための知っておきたいお金と老後　もくじ

序章

フリーランス・自営業者には不安が多い…!?　9

第1章

フリーランス・自営業者の現状を知ろう　19

1-1　フリーランス？　自営業者？　個人事業主？……20

第2章

ライフプランを考えよう　27

2-1 ライフプランが必要らしいよ …… 28
2-2 あなたの現在の収入と支出は？ …… 37
2-3 現在の資産と負債も把握しよう …… 48

第2章 ライフプランを考えようのまとめ …… 58

第3章

人生の三大資金を把握しよう …… 61

3-1 人生の三大資金 …… 62
3-2 教育資金ってどれくらい？ …… 68
3-3 マイホームと購入計画 …… 75
3-4 いま話題の老後の資金 …… 85

第3章 人生の三大資金を把握しようのまとめ …… 93

第4章

お金の運用を学ぼう　97

4-1　お金の運用って？……98
4-2　金融商品にも性格がある……105
4-3　目標のお金を貯める方法……111
4-4　お金の運用の基本……116
4-5　投資のリスクにはどう対応する？……124
4-6　株式投資を学ぼう……130
4-7　投資信託を学ぼう……140
4-8　その他の金融商品を学ぼう……149
4-9　つみたてNISAを活用しよう……156

第4章　お金の運用を学ぼうのまとめ……161

第5章 老後の生活を守る年金 165

5-1 公的年金のしくみ …… 166
5-2 国民年金基金は上乗せの年金制度 …… 172
5-3 iDeCoは自分で作る年金制度 …… 178
5-4 小規模企業共済は積立による退職金制度 …… 194

第5章 老後の生活を守る年金のまとめ …… 198

第6章 保険のことも知っておこう 201

6-1 どうして保険が必要？ …… 202
6-2 万一の場合に備える保険 …… 209
6-3 病気やケガに備える保険 …… 216

6－4　老後資金を確保する保険……224

第6章　保険のことも知っておこうのまとめ……229

終章

これからのフリーランス・自営業者の働き方……233

終－1　不安は多いけど、リスクを減らす手は多くある!……234

終－2　この際、「働き方」を見直してみよう……239

終－3　変わるフリーランス・自営業者の生き方、繋がり方……244

おわりに……249

※資産運用はあくまでもご自身の判断で行ってください。当社および著者は本書の記載内容の正確性、妥当性の確保に努めておりますが、それについて保証するものではなく、本書の記載内容の利用によって利用者等に何らかの損害が生じた場合にも、一切の責任を負うものではありません。

本編の登場人物紹介

あべかよこ
気がつけばこの道25年のベテラン漫画家。
子育ても後半戦に差し掛かり、時間ができてきたのはいいものの、老後のお金が気になってきた。西に焚き付けられてお金の基本を学び始める。

西　良幸（にし・よしゆき）
編集者。
気になりつつも自分で調べるのが面倒なテーマについて企画することをモットーにしている。2児の子育て中で、教育費が気になっている。

老井手　豊（おいて・ゆたか）
FP（ファイナンシャル・プランナー）。
さまざまなクライアントの悩みを冷静に分析し、できることをポジティブに提案していく頼れる先生。

序章

フリーランス・自営業者には不安が多い…!?

こんにちは
あべかよこと
申します
マンガ家です
歳は50を超えました
ホホホ
女性ホルモンが不安定なお年頃
なんだかイライラしやすいんです
どこからでも切れます
と書いてあるのに
ラーメンスープしょうゆ
なんでラーメンスープの袋はどこからも切れないの？
どうなっとんじゃこりゃあ!!
と思ったらへんなとこから切れる

そんな私ですが どうにかこうにか マンガの仕事を 25年続けてきました
ありがたい ありがたい
そんな中 ……
「老後 2,000万円 足りません」
という どえらい 問題が浮上
はァ?
サラリーマンでも 足りないらしいのに フリーランス・自営業者の人は
マジでヤバイ! というか、はっきり言って…
いままで 老後のお金のこと きちんと考えて なかったじゃん!
あーーっ!!
そんなあなたに イイ話が あるんですよ
はあ!?

あなたは！JMAM※の西さん
知りたいんじゃないですか？老後のお金のこと
教えてもらえるんですか？
もちろんですよ学びたいでしょう？
老後のことで心配に思うことはなんですか？
心配しかない！
フリーランス・自営業者の人は、会社員に比べて年金額が少ないからずっと働きたい
だから、仕事ができなくなると困るでしょう？
仕事ができないと？
お金がなくなって困るんですよ
だから今基本からお金の貯め方増やし方、管理の仕方を学んでおきましょう
ええ？

※日本能率協会マネジメントセンター

違法なやり方で？
きちんとしたやり方で！
なんでよ
極端な話、お金に余裕があれば仕事が減ってても対応できるかも
たくさんあればね
そして老後のお金のことも前向きに考えられるかも！
現状すごい後ろ向きだからね！
でも…今からで大丈夫なのかしら
いい歳だからこそ今やるんでしょ!!
確かにそうだ
いろいろ学んでみた結果あべさんの老後はどうにもならなかったとしても
はあ？

「後に続く若いフリーランス・自営業者が老後を生き抜いていくための一冊」をつくりましょうよ！
なんでだよっ！
ところで私のウチの現状を紹介しますとダンナさんと二人でデザインとマンガの仕事をしています
住宅ローンはまだまだ残ってるし乗ってる車は10年前の中古だし
最近は異音がするぞ
余裕？
いやぜんっぜんないっしょ！
中学生の息子さんはこれからお金がかかる
もりもり
でもそんな親の気持ちを察してか
ごめんねボクすごい食べちゃって
はっ
お金たいへん？

子どもがそんなこと心配すんな！食え食えー!!
はーい！
米の減りようスゴイ!!
カラ
米
10kg
そして高齢の私の母とネコとで暮らしています
79才
推定16才
世の中には「フリーランス・自営業者なら老後のお金のことは考えてないとダメだろ！」
という方もいらっしゃると思いますが
フリーランスだけど
しっかりした人
私の場合は
気がつくとココまで来ていた
という感じなのでしょうがない

お金に関しちゃあ不安しかないですよ
でもだからこそ今からでもできるフリーランス・自営業者としての装備を身につけよう
いつまでも「ぬののふく　と　こんぼう」じゃダメだ
お若いフリーランス・自営業者の方にとってはめちゃ使えるお金の知識を！
Money
私にとってもまだまだできることはある！という知識を身につけようじゃないか！

まだできることありますよねえ？
さぁ
取材前なのでわかりません
そこは同意してよ！
お金に関するさまざまな知識をファイナンシャル・プランナーの老《お》井《い》手《て》豊《ゆたか》先生にお聞きします
将来不安しかないよなー
と嘆いていてもしょうがない！
学んで、調べて、話を伺って
「フリーランス・自営業者のためのお金と老後」の知識を手に入れるぞ！
さあでは行きましょうか
けっこういい装備持ってるよね…

第1章

フリーランス・自営業者の現状を知ろう

1-1 フリーランス？自営業者？個人事業主？

まずは…ちょっと確認したいんですけど
なんでしょう？
……
この本は「フリーランス・自営業者のためのお金と老後」の本なんですけど
フリーランスと自営業者の違いはなんでしょう？
うーん…
も一つ言うと個人事業主も
あ、ほんとですねえ
あべさんはどうしてます？
職業は「マンガ家」ですけどお店とか病院でカード作る時は「自営業」って書きますね

調べてみましょう
ありました！
早いな！
「フリーランス」とは
ひとりでやるもん
組織に属さず、または企業や団体に属さず仕事ごとに契約を結ぶ働き方をする人のこと
主な職業
デザイナー、ライター、エンジニア、カメラマンなど
私はココかな
「自営業者」は？
「自営業者」は自ら事業を営んでいる人
居酒屋さん、ラーメン屋さん、ネイルサロン、花屋さんなど
じゃあ私は「フリーランスで自営業者」？
合ってます
個人事業主とは法人を設立せず個人で事業を営んでいる人。自営業者。（大辞林）
それも私だ
じゃあ私はフリーランスで自営業者で個人事業主？
そうですね

自営業者と個人事業主は使い分けをする場合と同じとする場合があるみたいですね
フリーランス
自営業者
個人事業主
じゃあ「フリーランス」「自営業者」「個人事業主」は『個人で事業を営んでいる人』でいいのかー
なんかスッキリしないような感じですが、この3つについては調べた結果
同じっぽい
ということでお願いします
どんな職業？どれくらいの収入？
私の周りのフリーランス・自営業者というとマンガ家、イラストレーター、デザイナーとかだけど
フリーランス・自営業者の人ってどんな職業でどれくらいの収入があるのかな？
知りたいところですよね
あべさんのお友達に聞いてみたら？
えっ
うーん それは…

友達が私より
スゴイ稼いでたら
今後ずっと卑屈な
態度をとるじゃん？
私が
エへへへ
そうでゲスねー
めちゃ
こころ
せまっ！
えーと
自営業者（事業所得者）の
平均所得※２は
425万円
へえ？
※国税庁　「申告所得税標本調査結果　令和元年分」
※２：所得とは、収入から収入を得るために支出した金額（必要経費）を引き、残った金額のこと
わりと…
地道な
金額だね
平均ですからね
あべさんは
これくらい？
ぜんぜん
足りないが
がんばって
生きてるよ

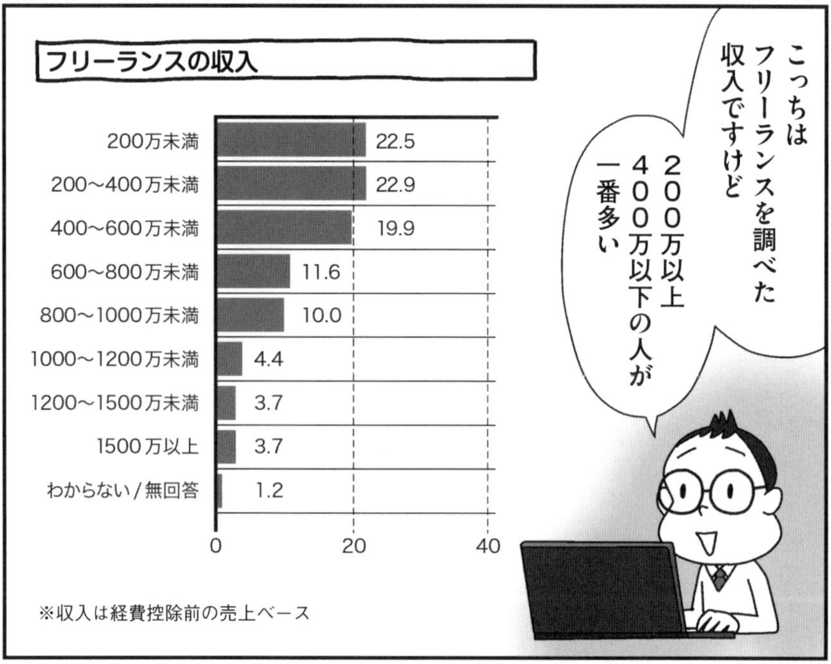
こっちはフリーランスを調べた収入ですけど
200万以上400万以下の人が一番多い
フリーランスの収入
200万未満 22.5
200〜400万未満 22.9
400〜600万未満 19.9
600〜800万未満 11.6
800〜1000万未満 10.0
1000〜1200万未満 4.4
1200〜1500万未満 3.7
1500万以上 3.7
わからない／無回答 1.2
0 20 40
※収入は経費控除前の売上ベース

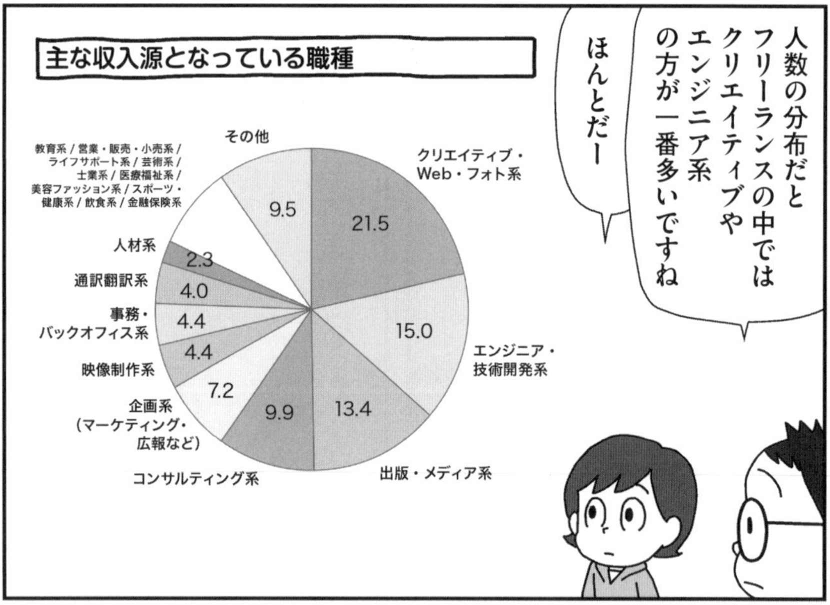
人数の分布だとフリーランスの中ではクリエイティブやエンジニア系の方が一番多いですね
ほんとだー
主な収入源となっている職種
クリエイティブ・Web・フォト系 21.5
エンジニア・技術開発系 15.0
出版・メディア系 13.4
コンサルティング系 9.9
企画系（マーケティング・広報など） 7.2
映像制作系 4.4
事務・バックオフィス系 4.4
通訳翻訳系 4.0
人材系 2.3
教育系／営業・販売・小売系／ライフサポート系／芸術系／士業系／医療福祉系／美容ファッション系／スポーツ・健康系／飲食系／金融保険系
その他 9.5

一般社団法人プロフェッショナル＆パラレルキャリア・フリーランス協会
「フリーランス白書 2020」

クリエイティブやエンジニア系って?
IT系
主な職種だと…ITエンジニア、プログラマー、ウェブディレクター、ウェブデザイナーって感じですね
パソコンとネット環境があればどこでも仕事ができるのでフリーランスになる人が多いそうです
ワーケーションとか?
なるほど今どきの仕事だね
そう考えるとクリエイティブ系のお仕事の人は…
小説家 エンジニア 画家 マンガ家 などなど…
店舗借りたり、しなくていいからいいねえ
家賃ってすごい金額ですよねえ
近所でおかずを売ってるキッチンカーがあるんだけどあれ、最強じゃない?
ギョーザ
確かに!

キッチンカーも中古なら150万円くらいで買える!
なんですすでに調べてるんですか
移動販売でマンガを描くぞ!
マンガカー
出掛けたいだけでしょ
というわけでフリーランス・自営業者の方の職業と収入を調べましたけどどうでした?
はい
私を含めて、自営業者・フリーランスの人はコツコツがんばってる!
でもそんなにでっかくもうかることはない…のかなあ
てことはやっぱりお金が心配…
だいたい、職人気質の人はお金のことは二の次なイメージあるし
お金
技術
だから!老後のお金のことを勉強しましょう!
OK!次の章からガンガンいきますよー!

第2章

ライフプランを考えよう

2-1 ライフプランが必要らしいよ

さあではここから「フリーランス・自営業者がお金に困らない老後」の勉強をしますよ
老《お》井《い》手《て》豊《ゆたか》先生（ファイナンシャル・プランナー）
イエッサー!!
円陣組みましょう！円陣!!
ヘイヘイ
円陣!?
「お金！ゲット！老後！安心！」
「お金！ゲット！老後！安心！」
うお――――!!
思ったよりも盛り上がらないね！
はー
なんすかソレ!!

①ライフプランとは?
老後のこと、お金のことを考えるとき
ライフプランについて考える必要があります
ライフプラン…
ライフプランとは「人生の設計図」のことです
将来こうなりたい
こういうことをしたい
という夢や希望の設計図です
将来の夢や希望…
いやだわ つい樹木葬が浮かんじゃった
心
死んでんじゃん
いやしかし老井手先生

50代半ばの人が夢や希望を語ってもよろしいのでしょうか？
そういうこと言うなよ！
コラ
もちろんです！いくつになってもライフプランを立てることは重要です
②なぜライフプランが必要？
最近では経済環境、社会環境などの変化によって日本のライフプランの考え方は変わってきています
ほおほお
「人生100年時代」って言われているのは知っていますか？
人生100年時代とは
日本は健康寿命が世界一と言われていて
「人生長いから歳をとっても元気で安心して働いたり暮らしたりできる社会をつくっていこうよ」
という構想のこと※

※厚生労働省
https://www.mhlw.go.jp/stf/seisakunitsuite/bunya/0000207430.html

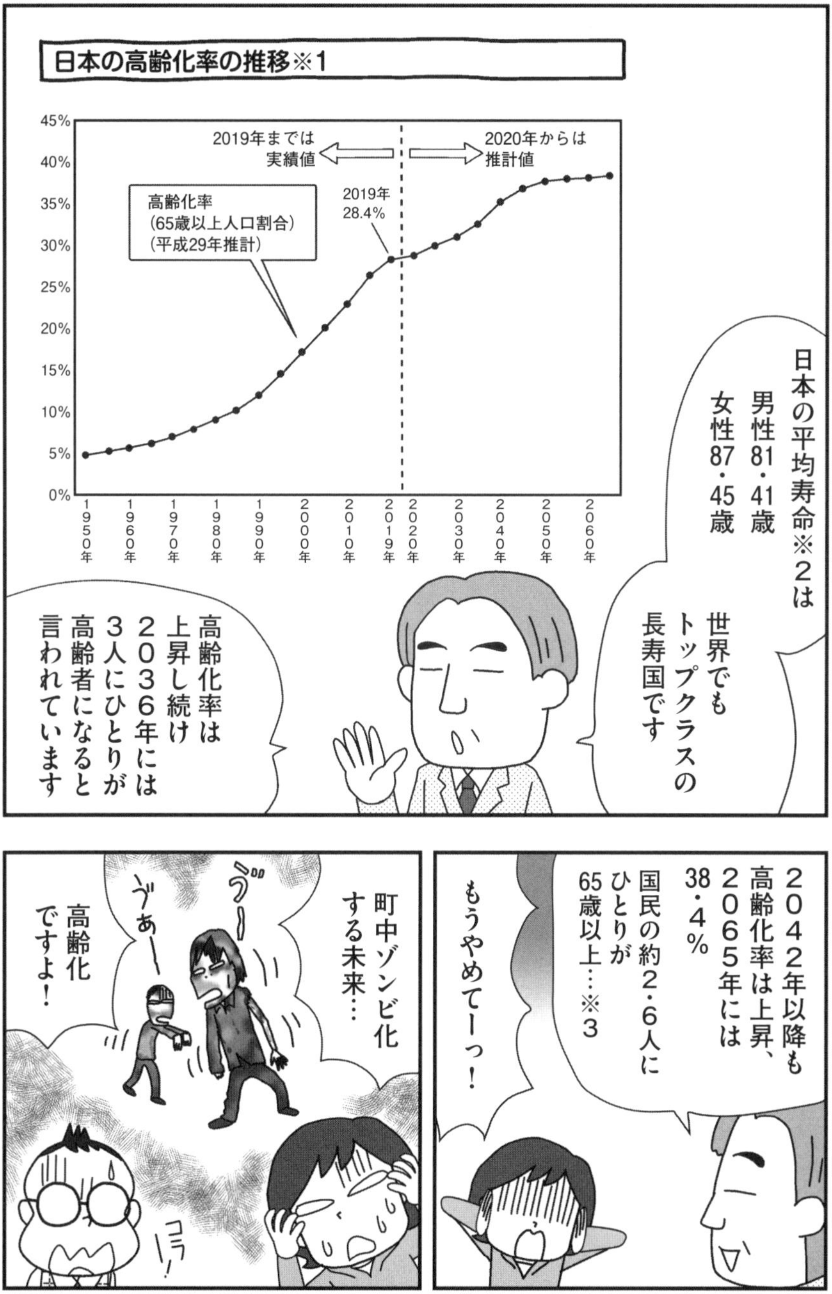
日本の高齢化率の推移※1
45%
40%
35%
30%
25%
20%
15%
10%
5%
0%
2019年までは実績値
2020年からは推計値
高齢化率（65歳以上人口割合）（平成29年推計）
2019年 28.4%
1950年
1960年
1970年
1980年
1990年
2000年
2010年
2019年
2020年
2030年
2040年
2050年
2060年
日本の平均寿命※2は 男性81・41歳 女性87・45歳
世界でもトップクラスの長寿国です
高齢化率は上昇し続け２０３６年には３人にひとりが高齢者になると言われています
２０４２年以降も高齢化率は上昇、２０６５年には38・４％
国民の約２・６人にひとりが65歳以上…※３
もうやめてーっ！
町中ゾンビ化する未来…
ゔー
ゔあ〜
高齢化ですよ！

※１内閣府「令和２年版高齢社会白書」
※２厚生労働省令和元年簡易生命表
※３内閣府「令和２年版高齢社会白書」

となると公的年金制度も
給付の低下↓
負担の増加↑
が予想されます
困るなあ
だからね
私たちは自分で自分のライフプランをしっかりと立てて「自分を生きる」生き方を考えなくてはいけないのです
家族や国にのみ頼るのではなく
社会的に相互扶助を行いながら自分のライフプランを支えていくことも大切です
つまり「人々とともに生きる」ライフプランも必要なのです
ひとびとと？
それはどういうことですか？
少子化・高齢化が進みひとり暮らし世帯も増加していますよね
はい

世帯構造も変化する中で
自助努力や公的な社会保障制度のみであらゆる事情のある生活者全員を包括していくことは困難です
このような時代だからこそ地域でお互いに助け合っていくことが重要なんです
地域…
介護や子育て教育支援、災害への対応その他において
災害
介護
子育て
ボランティア
ゴミ
地域社会の活動、近隣の手助けボランティア活動などで相互に助け合い、支え合っていく未来
それを含めたライフプランが必要なのです
へえーっ…
つまり…ご近所さんとうまくやっていこう！ってこと？
それも大切ですよね

去年、町会の役員やったんですけどじいばあが
ヤダヤダ やりたくないよ
まあ、言うこと聞かない聞かない
仲良くやって行きましょ！

Point!

会社員等であれば、60歳（または65歳）までは会社に勤め、その後は老後の生活…というプランを考えることが多いのですが、自営業者の場合はそうはいきません。将来的に仕事をどうしていくのかといった仕事のプランを含めたライフプランを考えていく必要があります。

問題解決の方法（資産の作り方）はこのあと解説していきますよ
ウィス！

では次はライフイベントについて考えていきましょう
イベント？

家族で温泉行きたい
ウチはディズニーランド！
そういうイベントじゃなくて

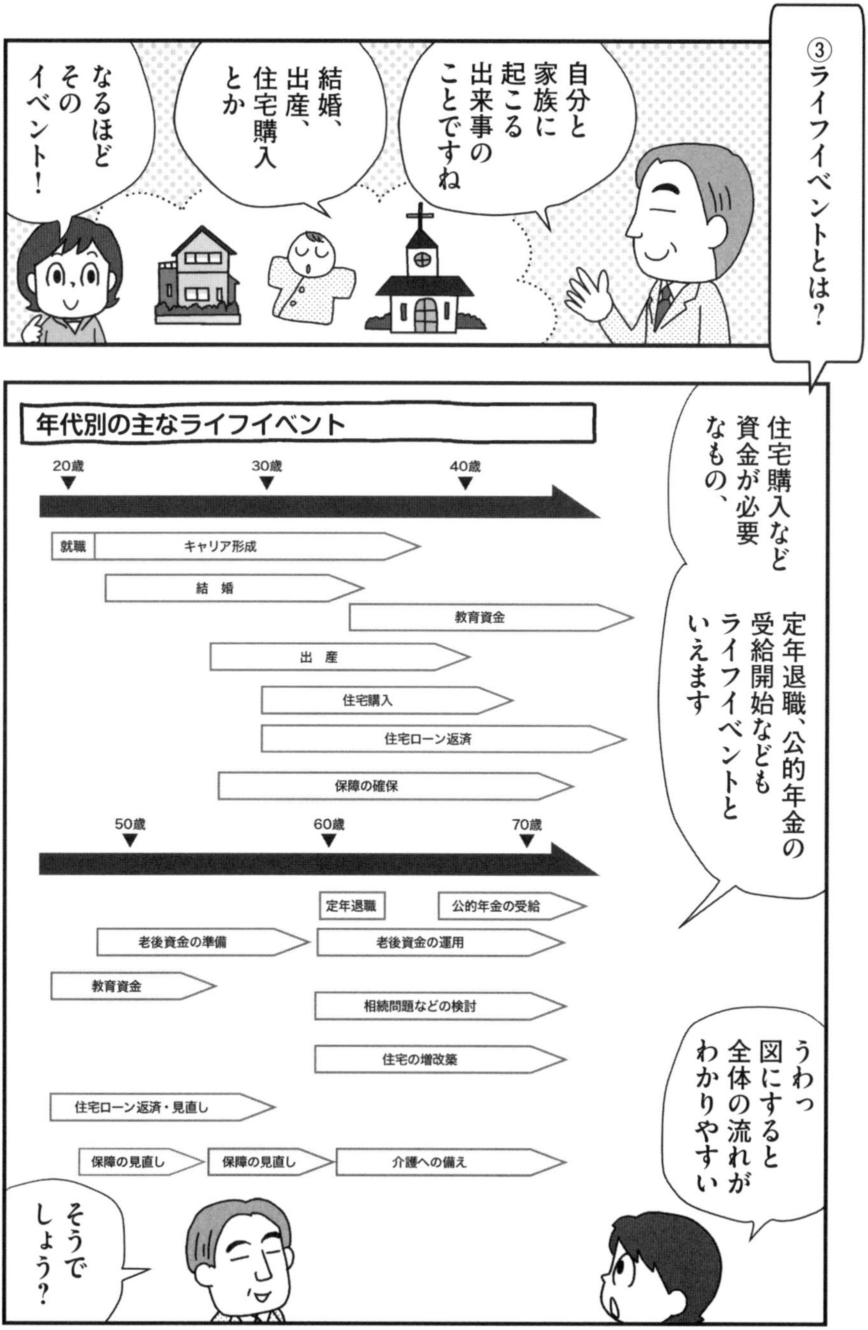
③ライフイベントとは？
自分と家族に起こる出来事のことですね
結婚、出産、住宅購入とか
なるほどそのイベント！
年代別の主なライフイベント
20歳
30歳
40歳
就職
キャリア形成
結　婚
教育資金
出　産
住宅購入
住宅ローン返済
保障の確保
50歳
60歳
70歳
定年退職
公的年金の受給
老後資金の準備
老後資金の運用
教育資金
相続問題などの検討
住宅の増改築
住宅ローン返済・見直し
保障の見直し
保障の見直し
介護への備え
住宅購入など資金が必要なもの、
定年退職、公的年金の受給開始などもライフイベントといえます
うわっ図にすると全体の流れがわかりやすい
そうでしょう？

そして、住宅ローン返済が60歳までに終わっていない現実が見えてきました
わかってたけど
自覚できるのがいいところですよ
前ページの図は一般的な会社員の人に想定されるライフイベントの一例です
人によってライフイベントはさまざまですからね
ライフデザインは多様化していますし主なライフイベントの時期が前後したり、人によって重要度が異なったりします
とくに自営業の人であればなおさら違いますよね
いつでも収入に不安があるからな…
ただ、教育資金や住宅資金、老後資金などについては会社員・自営業を問わず共通のテーマとして考えるべきお金の問題でしょう
支払い時期が重なりますからね
年齢
教育
住宅
老後
これらのテーマについては次章で詳しく見ていきましょう!
はいっ!

2-2 あなたの現在の収入と支出は？

ライフプランを立てるために最初にやることは
家計簿
家計の現状把握です！
それが一番開けたくない箱なんですよー
やらないと始められませんよ
ライフプランを立てるためにもプランの実現のためにも
家計の現状把握は欠かせません
現在の収入と支出を把握することで現在の貯蓄力を知ることができます
貯蓄力！
無いっ！
無いなら無いなりでいいんです
まずは知ることが大事

①収入の把握
会社員であれば毎月の給料やボーナスが収入です
自営業の場合は事業収入が収入ですね
事業収入…
収入から必要経費を引いた金額ですね
Point!
自営業者の場合、会社員等と違って毎月・毎年の収入が不安定なこともあります。
先々の収入の見通しを立てておくことも大切といえるでしょう。
老井手先生、収入の見通しというのは…
どのように?
はい
フリーランス、自営業者の収入の見通しは
まずは前年までの収入から今年はどれくらいの収入になるかを試算します
前年度
今年度
?
変動する要因があればそれを加味します
例えば新しい取引先が増えた…とか?

よーし
今年はついに
増刷の波が
押し寄せる
気がする！
予定！
ヒヒヒ
皮算用に
なってますよ
業種、職種にも
よりますけど
少なめに
見積もって
おいたほうが
いいでしょう
少なめ
ですか
高めに
見積もって
実際は
少なかったら
貯蓄をする
どころか
貯蓄を
取り崩して
しまうことに
なります
貯蓄
少なめに
見積もって
実際は
多かったら
その分を貯蓄に
回していき
ましょうね
③支出の把握
あべさん、
家計簿は
つけて
いますか？
つけて
いません
とも！
言い切り
ましたね

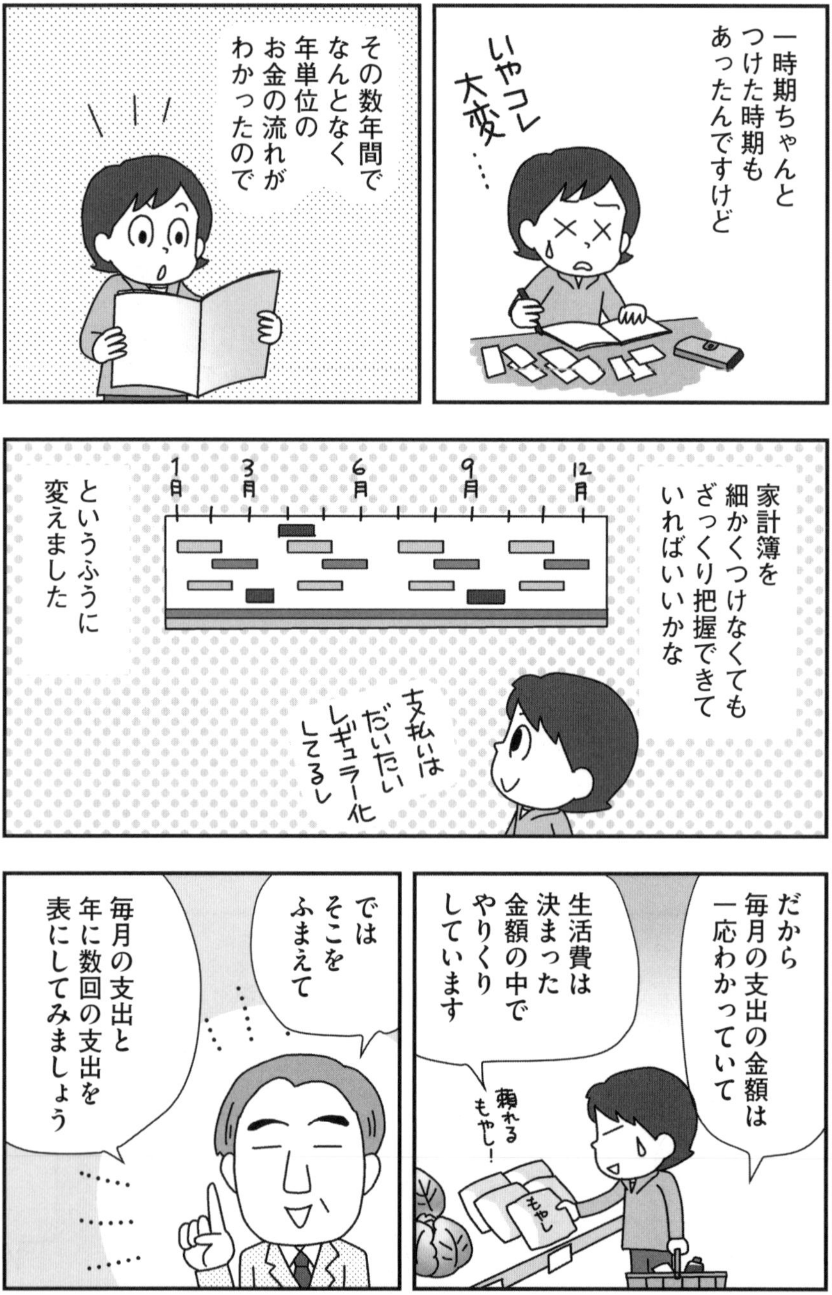
一時期ちゃんと
つけた時期も
あったんですけど
いやコレ
大変……
その数年間で
なんとなく
年単位の
お金の流れが
わかったので
家計簿を
細かくつけなくても
ざっくり把握できて
いればいいかな
支払いは
だいたい
レギュラー化
してるし
1月
3月
6月
9月
12月
というふうに
変えました
だから
毎月の支出の金額は
一応わかっていて
生活費は
決まった
金額の中で
やりくり
しています
頼れる
もやし!
もやし
では
そこを
ふまえて
毎月の支出と
年に数回の支出を
表にしてみましょう

「毎月の支出」×12カ月＋「年数回の支出」の合計が1年間の支出合計になります
けっこうな支出ですね

■支出

項目	毎月の支出(A)	年に数回の支出(B)	年間の支出(A×12+B)
基本生活費	14万円	0万円	168万円
住宅関連費	12万円	10万円	154万円
教育費	3万円	20万円	56万円
保険料	4万円	0万円	48万円
車両費	3万円	10万円	46万円
その他の支出	2万円	12万円	36万円
		年間の支出合計	508万円

※これは一例です

各項目の内容は次のようになります

・基本生活費…食費、水道光熱費、通信費、日用雑貨費など
・住宅関連費…家賃、住宅ローン、管理費、固定資産税など
・教育費…学校教育費、塾・習い事の費用など
・保険料…家族全員の保険料
・車両費…駐車場代、ガソリン代、自動車税など
・その他の支出…レジャー費、交際費、冠婚葬祭費など

項目を増やしてもいいですか？
医療費と健康保険料
ご自分にあった項目でいいですよ

これだけ払っていればお金が無くなるわけだわ～
把握できてきましたね！

Point!

自営業者の場合、支出も不安定になりがちです。収入が増えると、その分支出も増える傾向にあるので、何にどれくらいかかっているのか、支出をしっかりと把握することが重要です

確かに！

大きめの収入があると
つい焼肉とか…
いいと思いますよ
でもそういう外食も毎月の支出をやりくりしてできればよりよいですよね
うーんそうですね…
まずは何にどれくらいかかっているのか、支出をしっかり把握することが重要です！
まずはソレ！

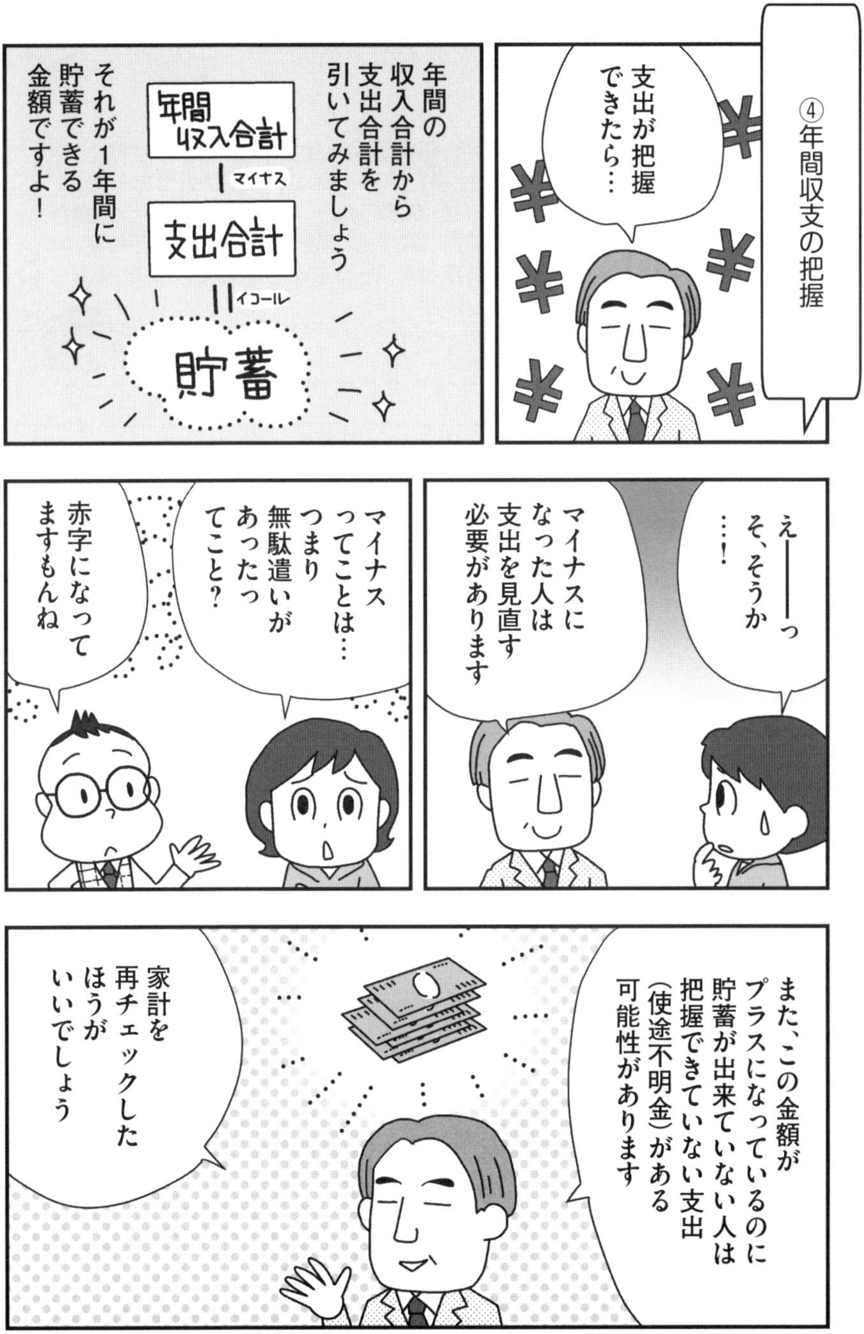
④年間収支の把握
支出が把握できたら…
年間の収入合計から支出合計を引いてみましょう
年間収入合計
マイナス
支出合計
イコール
貯蓄
それが1年間に貯蓄できる金額ですよ!
え―――っ
そ、そうか…!
マイナスになった人は支出を見直す必要があります
マイナスってことは…つまり無駄遣いがあったってこと?
赤字になってますもんね
また、この金額がプラスになっているのに貯蓄が出来ていない人は把握できていない支出(使途不明金)がある可能性があります
家計を再チェックしたほうがいいでしょう

Point!

フリーランス、自営業者の場合、事業資金と生活資金をしっかり分けておくことが大切です。仕事によっては、なかなかそうならないケースもあるかもしれませんが、あまりルーズにならないよう注意が必要です。その点に注意しなければ、入ってきたお金をどんどん使ってしまうことになるかもしれません。そうなると老後に向けた準備も進まなくなってしまうでしょう。

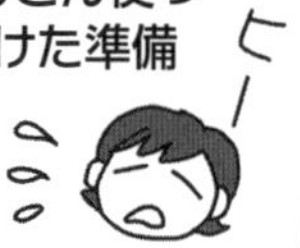
ヒー

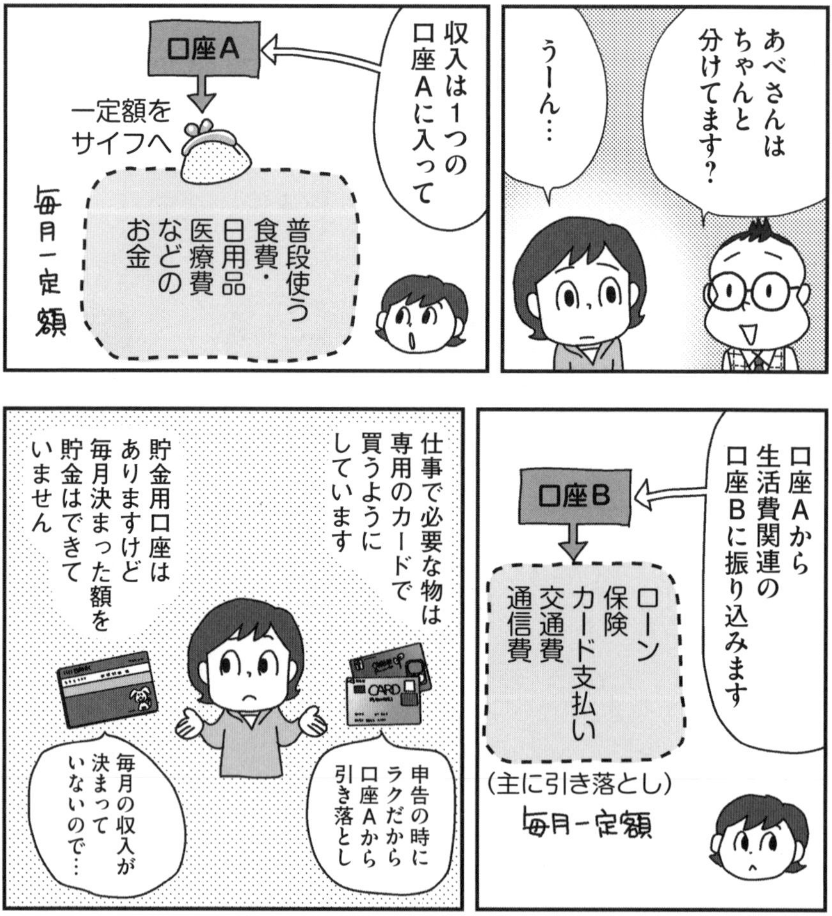
あべさんはちゃんと分けてます？
うーん…
収入は1つの口座Aに入って
口座A
一定額をサイフへ
普段使う食費・日用品医療費などのお金
毎月一定額
口座Aから生活費関連の口座Bに振り込みます
口座B
ローン保険カード支払い交通費通信費
(主に引き落とし)
毎月一定額
仕事で必要な物は専用のカードで買うようにしています
申告の時にラクだから口座Aから引き落とし
CARD
貯金用口座はありますけど毎月決まった額を貯金はできていません
毎月の収入が決まっていないので…

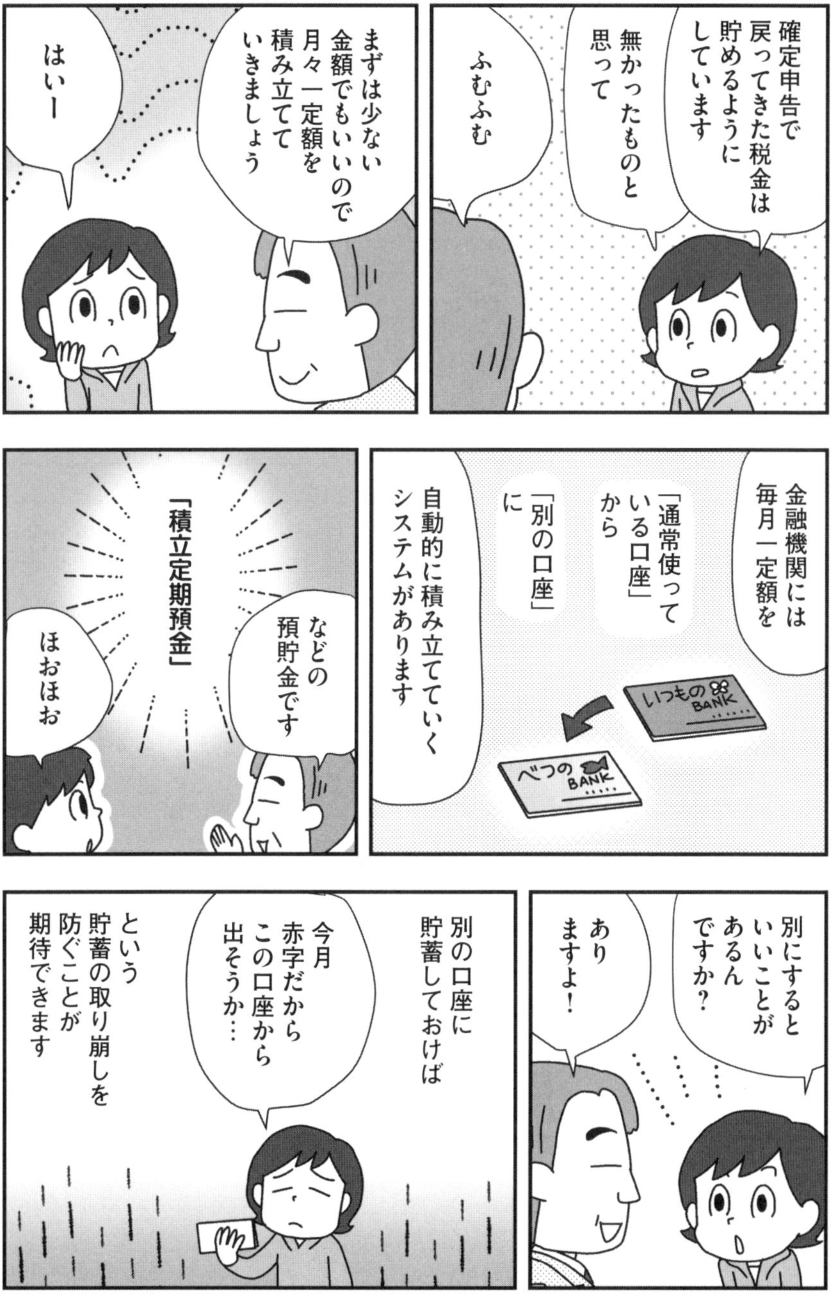
確定申告で戻ってきた税金は貯めるようにしています
無かったものと思って
ふむふむ
まずは少ない金額でもいいので月々一定額を積み立てていきましょう
はいー
金融機関には毎月一定額を
「通常使っている口座」から
「別の口座」に
自動的に積み立てていくシステムがあります
いつものBANK
べつのBANK
「積立定期預金」
などの預貯金です
ほおほお
別にするといいことがあるんですか？
ありますよ！
別の口座に貯蓄しておけば
今月赤字だからこの口座から出そうか…
という貯蓄の取り崩しを防ぐことが期待できます

もっといいのは目標を持つこと
目標？
結婚、子どもの誕生、車、マイホーム購入
目標
目標に向けて貯蓄をしていくほうがずっとやる気がでるものですよ
そうか！
確かに目標は必要ですね
あべさんの目標はなんですか？
とりあえず…息子の学費かなあ
最初に必要だから…！
あっ、ウチもです
目標のお金を貯める方法は第４章で説明します！
家計の収入と支出がわかったら次のページの「家計の収支チェックシート」に記入してみましょう！

家計の収支チェックシート

●収入

	所得税		社会保険料		住民税		税金・社会保険料
夫	万円	+	万円	+	万円	=	万円
妻	万円		万円		万円		万円

	収入金額		税金・社会保険料		可処分所得 （年間の手取り収入）
夫	万円	−	万円	=	万円
妻	万円		万円		万円
			年間の収入合計		万円

●支出

項目	毎月の支出(A)	年に数回の支出(B)	年間の支出 (A×12+B)
基本生活費	万円	万円	万円
住宅関連費	万円	万円	万円
教育費	万円	万円	万円
保険料	万円	万円	万円
車両費	万円	万円	万円
その他の支出	万円	万円	万円
		年間の支出合計	万円

●収支（1年間に貯蓄できる金額）

年間の収入合計		年間の支出合計		年間の収支
万円	−	万円	=	万円

※日本FP協会「くらしとお金のワークブック」を基に作成

無断での複製、転載は禁止いたします。

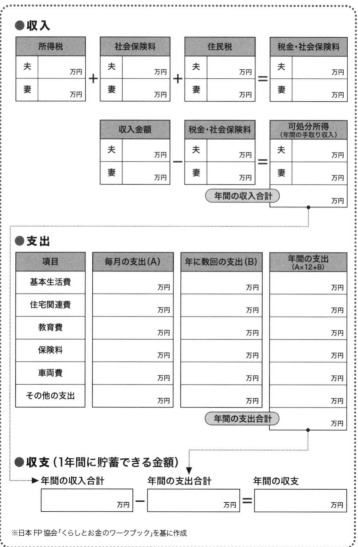

2-3 現在の資産と負債も把握しよう

さあ、収入と支出が把握できたら次はどうしましょう
一休みしましょうか
まだ早いです
次は自分の資産と負債を知りましょう
資産と負債…
ライフプランを立て、実現するためには
現在の資産がどれくらいあるのかを確認することが大切です

資産と負債を確認することで家計が健全かどうかがわかります
毎年の収支がプラスであっても純資産がマイナスでは家計が健全とはいえません
純資産？
うちには純金なんてございませんよ
GOLD
GOLD
純資産って純金のことじゃないですよ
とにかくやってみましょ
へい
※純資産についてはP55で詳しく！
①資産の状況を把握！
ウチに資産なんてないですよー
果たしてそうですかねえ？

資産というと
現金
預金
株式
土地
建物
などを思い浮かべるかもしれません
もちろんこれらも資産です
あーはい
忘れがちなのが貯蓄型の保険です
あー、なるほど
具体的には終身保険や養老保険個人年金保険などです
これらの保険商品については
現時点で解約した場合の解約返戻金
保険証
この金額を資産に加えておきます

毎年届く「保険のお知らせ」に書いてありますよね
そうですそうです
○○生命
金額調べるのがちょっとめんどい…
やりましょうね
※保険については6章でくわしく！
はよ
あべさんは持ち家ですか？
はい一応…
持ち家の場合は
自宅が「不動産」という資産
になります
あ！じゃあウチにも資産があった！
ヤッタ！
よかったですね

ただ不動産の価値は経過年数によって変動します
不動産については市場価値を確認してその金額を資産に加えましょう
市場価値ってどうやって調べるんですか？
はいはい
不動産の市場価格、つまり「時価」ですが
今所有している不動産を売却したらいくらになるかは近隣の不動産の取引価格を参考にします
不動産
アパート
近くで同じような物件がいくらで売りに出されているか
その価格を目安にします
ただし、その価格で売買が成立するとは限りませんのであくまで目安です

その価格から
土地・建物の広さ
築年数
駅からの距離
などを考慮して
加減します
特に戸建ての
住宅の場合
建物価格は
経過年数によって
どんどん下がっ
ていきます
値段
年数
どどー
えっ
どんどん？
じゃあ
ウチなんかは
いまごろ…
二束三文
でしょうかね
土地の価格は
国土交通省の
「土地総合
情報システム」
で調べること
もできます
チッ
へぇー
そうなん
ですね
主な家庭の資産には
次のような
ものがあります
・預貯金…普通預金、定期性預金
・有価証券等…株式、債券、その他投資商品など
・生命保険…貯蓄型の保険の解約返戻金など
・不動産…住宅（現在の市場価値）など

②負債の状況を把握！
次は負債の状況です
あるあるー
負債ありますか？
ありますよー住宅ローンですよね
家庭の負債は
・住宅ローン
・自動車ローン
・カードローン
などが中心
カードローンというのは…？
金融機関やカード会社が個人向けに融資をするサービスです
使ったことは？
ないです
「30分でできます」「どなたでもできます」「どこででもできます」
っていうCMを見てると
なんか怖いな
っていつも思います
かんたんなのがコワイ

家庭の負債には他に「貸与型の奨学金」があります
奨学金の返済をしている人は負債に加えましょう
あと、私「ジャパネット〇かた負債」があります
そんな負債の種類が？
以前、住宅ローンの借り換えを検討していてFPさんに指摘されました
分割で支払っているものも負債になりますよ
FPさん
だから、支払い中の冷蔵庫と掃除機が負債です
あと、分割払いの携帯電話も負債になるそうです
③純資産の確認！
資産と負債を出したら資産の合計から負債の合計を引きます
資産ー負債＝純資産
この金額が家庭の純資産！

この金額がプラスならばOK
マイナスなら負債を減らす対策を講じる必要があるでしょう
老井手先生質問です！サブスクリプションは負債になりますか？
今、車もサブスクになったりしてますよね
Sub scrip tion
サブスクリプションは支出です
あ、そうなんですね！
負債ではないんだ…
ふーん、ここまではなんとなく分かってきました
純資産の計算をやってみましょう！
次のページの「家計のバランスシート」に純資産を記入してみましょう！

家計のバランスシート

資産	
現金	万円
普通預金など	万円
定期性の預金	万円
株式	万円
債券	万円
投資信託	万円
その他の投資商品	万円
貯蓄型の保険	万円
住宅（現在の市場価格）	万円
その他	万円
資産の合計	万円

負債	
住宅ローン	万円
自動車ローン	万円
カードローン	万円
奨学金	万円
その他	万円
負債の合計	万円

資産の合計		負債の合計		純資産
万円	−	万円	＝	万円

※日本FP協会「くらしとお金のワークブック」を基に作成

無断での複製、転用は禁止いたします。

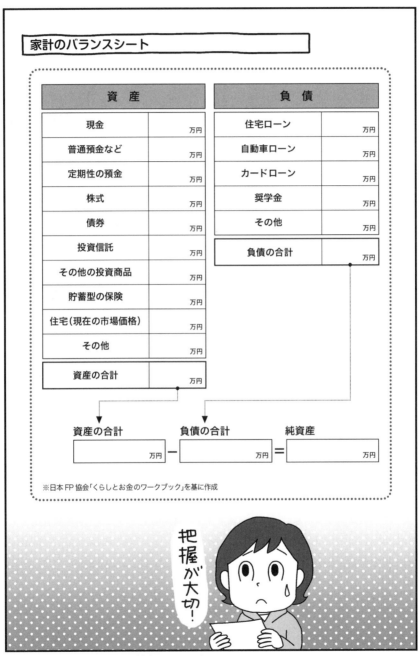

第2章　ライフプランを考えよう の まとめ

家計の現状を把握しよう

「人生100年時代」といわれる今、ますます高齢化が進み、公的年金の給付の低下・負担の増加が予想されます。このような時代のなか、老後、将来のお金について考えていく必要があります。

まずは、人生設計、ライフプランを立てるところから始めていきましょう。今後、予想されるライフイベント、またイベントに必要な資金について検討していきます。

そして、ライフプランを立てるためにも、プランを実現するためにも、家計の現状把握は欠かせません。現状の収入と支出を把握することで、貯蓄力を知ることができます。

収入については、自営業者の場合、会社員等とは違って、毎月・毎年の収入が不安定なことがよくあります。基本的には前年までの収入をもとに試算していきますが、少なめに見積もっておいたほうがよいでしょう。少なめに見積もって、実際は多かったら、その分を貯蓄に回していけばよいのですから。逆に、多めに見積もって、実際は少なかったら、貯蓄を取り崩すことにもなりかねません。

家計の年間収支を確認しよう

次に支出です。月々の支出、そして年間の支出を把握していきます。自営業者の場合、支出も不安定になりがちです。収入が増えると、その分支出も増える傾向にあるので、何にどれくらいかかっているのか、支出をしっかりと把握することが重要です。

注意しなければならないのが、今月は予定以上の売上があったので、その分を使ってしまうというパターンです。これでは、お金は貯まっていきません。予定していた仕事がキャンセルになったり、天候の影響で売上が落ち込んだりなどということはよくあることです。そうしたときに備えて、緊急資金（第４章参照）をしっかり確保しておきましょう。

そして、年間の収支を把握していきます。年間の収入合計から年間の支出合計を差し引いた金額が年間の収支で、１年間に貯蓄できる金額ともいえます。

この金額がマイナスとなった人は家計を見直す必要があります。マイナスということは、家計が赤字になっているということですから、無駄な支出がないかを確認しましょう。

この金額がプラスとなっているのにもかかわらず、貯蓄ができていない人は、把握できていない支出（使途不明金）がある可能性があります。家計を再チェックしたほうがよいでしょう。

また、フリーランス・自営業者の場合、事業資金と生活資金をしっかり分けておくことが大切です。仕事によっては、なかなかそうならないケースもあるかもしれませんが、あまりルーズにならないよう注意が必要です。

純資産はどのくらいある？

つづいて、家庭の資産と負債を把握し、純資産がどのくらいあるかを確認してみましょう。毎年の収支がプラスであっても純資産がマイナスでは家計が健全とはいえません。純資産がマイナスということは、現金、預金のほか現金化できるものすべてをお金に換えても、借金が返済できない状態を意味します。

純資産がマイナスの場合は、金利が高い借入金から返済していくのが基本です。預金などの資産を取り崩して返済していくと、その分資産も減ってしまうのでは？　と考える人もいますが、家計全体はスリムになっていきます。そもそも、ローンなどの借入れで数％の金利を負担していて、預金の金利は0・01％という状態では、預金よりも借入金の返済を優先的に考えるべきです。ただし、手元の預金が少なすぎるというのも困りものです。ある程度の預金を手元に残しつつ、借入金の返済を進めていくとよいでしょう。

そして、そもそも純資産がマイナスにならないようにすることが大切です。純資産がマイナスになるということは、借入れが多いということです。マイホームを購入する際には、住宅ローンを組むことになりますが、住宅ローンについては慎重に検討する必要があります（第3章参照）。そして、それ以外の借入れ、車のローンや分割払いでの商品購入について、あらためて見直してみる必要があります。必要以上にモノやサービスを購入していないかどうか？　など家計全体を見直して、純資産をプラス化していきましょう。

第3章

人生の三大資金を把握しよう

3-1 人生の三大資金
人生で大きな支出とは
3大資金というと…？
まずは家！
次に…車？
ブロロロロ
そんなに高い車乗ってるんですか！意外！
いや、もちろん中古だけどね
ほんとはコッチ
ですよね！
ですよねぇ
なんだよ
3つ目は「教育費」！
なんとか払ってるけどこりゃあ大変よ
確かに
惜しい！車は三大資金じゃないです

人生の3大資金と
いわれるのは
「教育資金」
「住宅資金」
「老後資金」
の3つ!
どどん!
老後のことは
いいですよ
暗くなるから
ヒュー
それを
勉強して
いくん
でしょー!
よくないわい!
「教育資金」
「住宅資金」
「老後資金」
これら
3つの資金は
金額が大きい!
ほんとに
大金ですよ
…
ヒュー
他の
ライフ
イベントとは
桁が違い
ますからね
金額が
大きいので
時間をかけて
貯めていくか
後から返済
していくか
どちらかの
方法に
なります

ただし、この3つは必要な時期が決まっています
とくに教育資金と老後資金は！
だから対策を立てておくことが大切！
確かに！
まずはそれぞれの概要を説明しましょう
教育資金!!
子どもの教育資金は
公立
私立
大学進学
専門学校
就職
自宅通学
下宿
どれを選択するかによって大きく違います
高校まで公立で大学は自宅通学にして！
たのむぞ!!
親の願いですよね〜

教育資金の特徴として
支出の時期をずらせない
進路によって金額が異なる
ということがあります
だから進学のタイミングに合わせてお金を準備する必要があります
親世代が主に40代50代の時に大きな出費がありますね
がんばれ!
子どもが生まれたら早めに計画的に資金作りをしていきましょう
はい!私もしましたよー
ウチもです
次に住宅資金!
それはつまりマイホームの購入資金!
人生最初で最大の出費!!
これは緊張する!!
ほとんどの人が住宅ローンを利用していますね
もちろんでございますよ

でも頭金はなるべく多く用意したいですね
仮に3千万円の物件を購入するなら
頭金は600万円以上を準備するのが望ましいです
購入価格の20％以上
頭金 600万円
3,000万円
住宅ローンについてもいくらぐらい、いつまで負担できるのか
無理のないローンを組むことが大切です
でも住宅購入はタイミングを自分で選択することができますね
頭金を貯めてから…
そうですね
平均的には30代～40代が持ち家率が急激に高くなる傾向がありますよ
確かにそうですねー
ローンを35年払うんだったらそれくらいの年代に買っておこうと思いますよね
35年払いで70歳までとか？
そして！3大資金の3つめ「老後資金」
これは誰もが準備しなくてはならない資金です
そしてこの本の中心的なテーマ！

忘れてた！
忘れんなよ！
「子どもを持たない」「家を相続する」
これらは選択できても
わしゃー
「年はとらない」
という選択はできませんよね
若さ、美しさはいつか失われますもんねえー
はぁ……
「まだここにある」みたいな言い方ですねえ？
2章でも触れましたが公的年金も徐々に減額の方向にあります
老後資金の事前準備はますます重要になっています
いやあまだ先のことだから…
考えたくないから…
とか言っていないで
若いうちから少しずつでも準備を心がけていきましょう
はあい

3-2 教育資金ってどれくらい?
①教育資金の目安
教育費の総額は…子ども一人につきおよそ一千万円超
ごーーん♪ちーーん♪
だから少しでも早くプランを立て、資金作りを進めていきましょう
はい…
ここでは教育資金の目安や準備の方法などについて見ていきますよ
イエッサー!
教育費は公立か私立か教育コースによって大きく金額が異なります
すべて公立コース…総額800万円
すべて私立コース…総額2千万円
に…にせんまん!!

子どもが二人の場合は四千万円
よんせんまん!!
こどもがどの学校を選択するかによって教育コースは異なります
つまり教育費の総額も変動します
A
B
子どもの希望を聞きつつ、進学プランとかかる費用について検討していきましょう
はああい
②教育資金準備の考え方
教育費…大きな金額ですよねこれを一度にすべて賄うのは
ムリです
そう、ムリでーす
だから早い時期から
「計画的に」「貯蓄で備える」
のが望ましい！

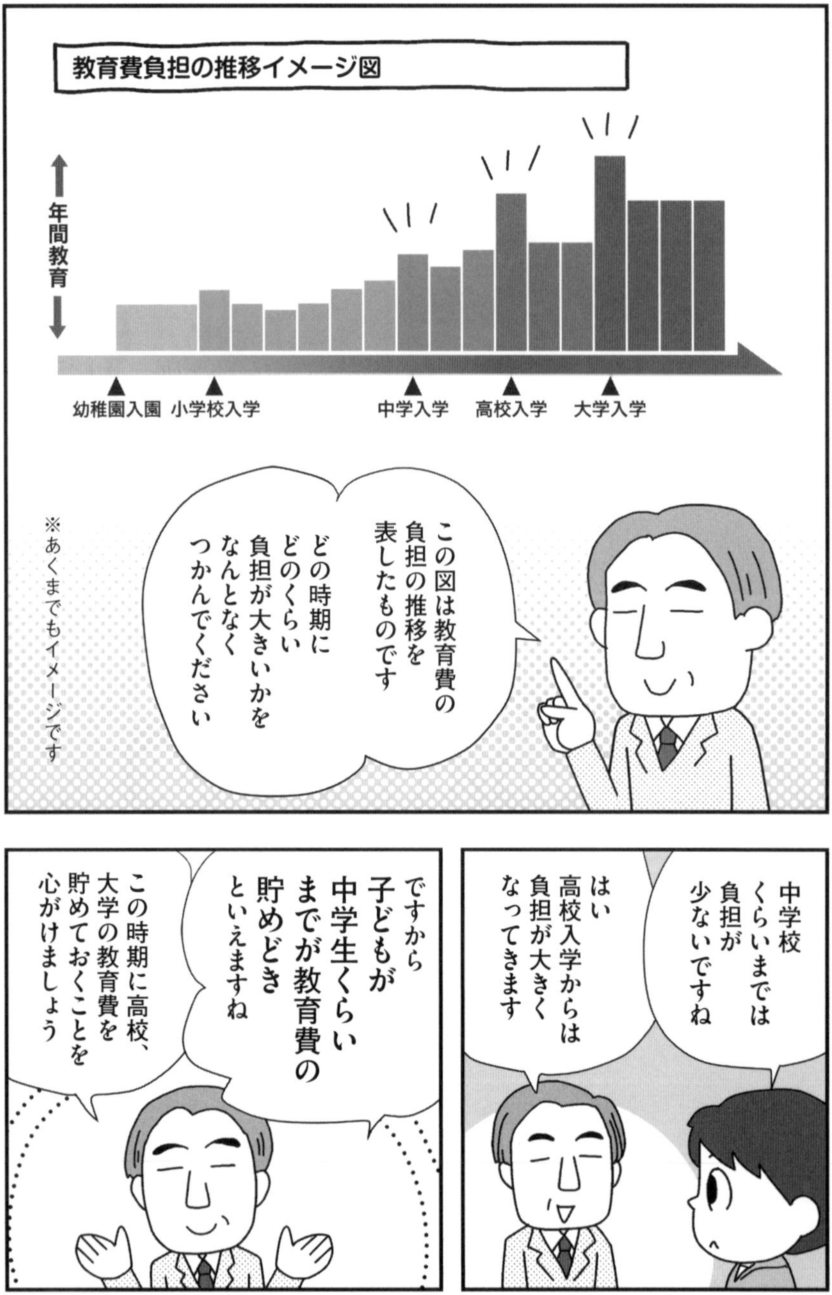
教育費負担の推移イメージ図
年間教育
幼稚園入園
小学校入学
中学入学
高校入学
大学入学
※あくまでもイメージです
この図は教育費の負担の推移を表したものです
どの時期にどのくらい負担が大きいかをなんとなくつかんでください
中学校くらいまでは負担が少ないですね
はい高校入学からは負担が大きくなってきます
ですから子どもが中学生くらいまでが教育費の貯めどきといえますね
この時期に高校、大学の教育費を貯めておくことを心がけましょう

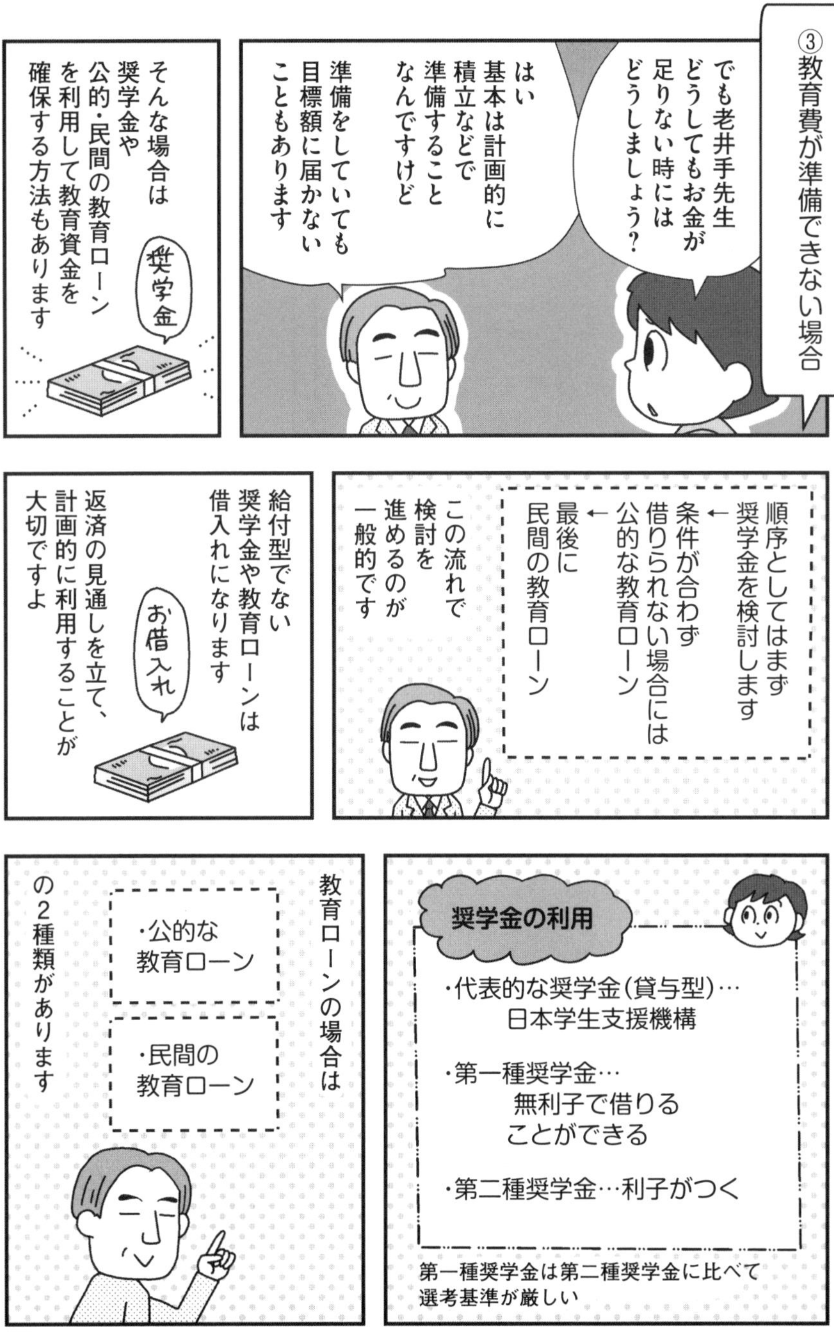
③教育費が準備できない場合
でも老井手先生 どうしてもお金が 足りない時には どうしましょう?
はい 基本は計画的に 積立などで 準備すること なんですけど
準備をしていても 目標額に届かない こともあります
そんな場合は 奨学金や 公的・民間の教育ローン を利用して教育資金を 確保する方法もあります
奨学金
順序としてはまず 奨学金を検討します ← 条件が合わず 借りられない場合には 公的な教育ローン ← 最後に 民間の教育ローン
この流れで 検討を 進めるのが 一般的です
給付型でない 奨学金や教育ローンは 借入れになります
お借入れ
返済の見通しを立て、 計画的に利用することが 大切ですよ
奨学金の利用
・代表的な奨学金(貸与型)… 日本学生支援機構
・第一種奨学金… 無利子で借りる ことができる
・第二種奨学金…利子がつく
第一種奨学金は第二種奨学金に比べて 選考基準が厳しい
教育ローンの場合は
・公的な 教育ローン
・民間の 教育ローン
の2種類があります

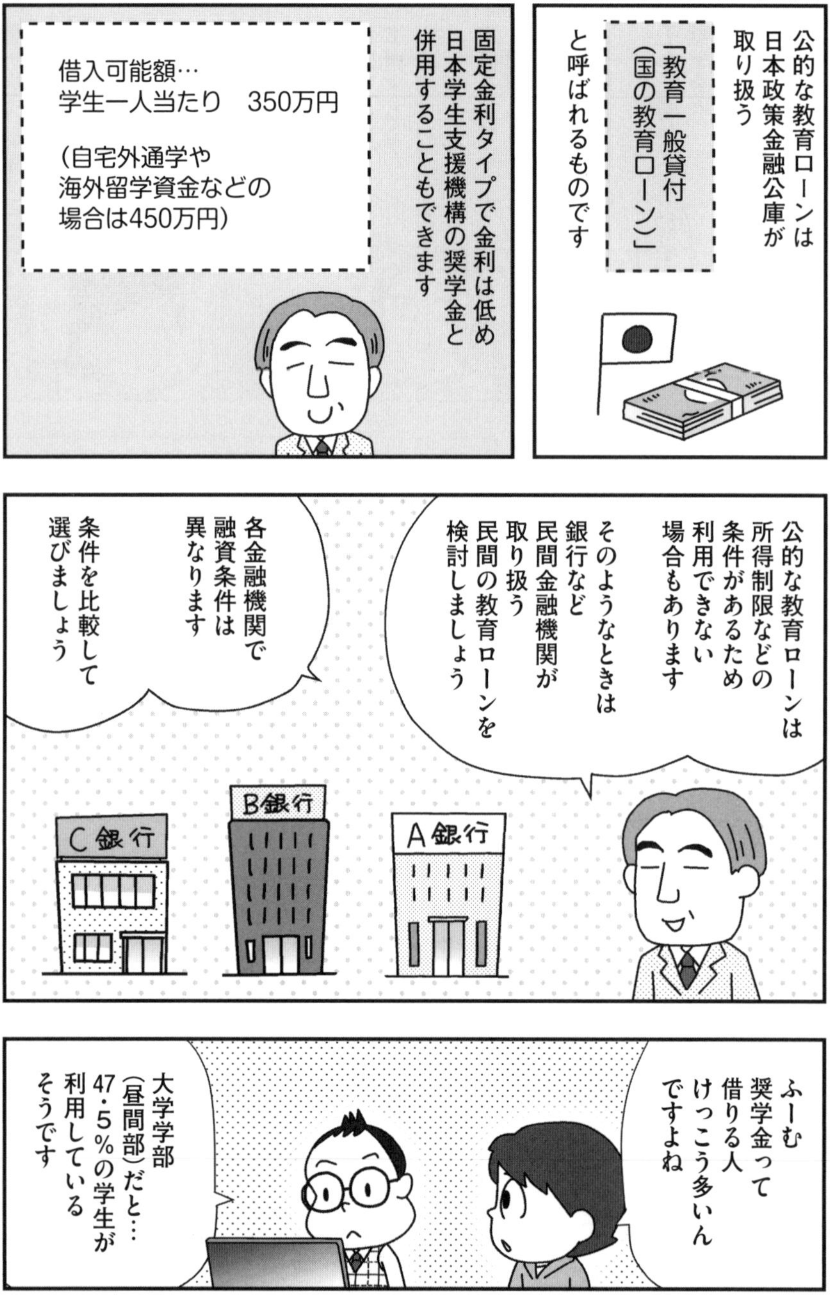
公的な教育ローンは日本政策金融公庫が取り扱う
「教育一般貸付(国の教育ローン)」
と呼ばれるものです
固定金利タイプで金利は低め
日本学生支援機構の奨学金と併用することもできます
借入可能額…
学生一人当たり　350万円
(自宅外通学や海外留学資金などの場合は450万円)
公的な教育ローンは所得制限などの条件があるため利用できない場合もあります
そのようなときは銀行など民間金融機関が取り扱う民間の教育ローンを検討しましょう
各金融機関で融資条件は異なります
条件を比較して選びましょう
A銀行
B銀行
C銀行
ふーむ 奨学金って借りる人けっこう多いんですよね
大学学部(昼間部)だと…47・5%の学生が利用しているそうです

※日本学生支援機構「平成30年度 学生生活調査結果」

でも、結局は借金だからできれば借りたくないなー
私も奨学金、借りていましたよ
あっ、そうなんですか？
200万円借りて月1万3千円くらい返していました
学生時代の西さん
大変でした？
うーん…返済額を少なめにしたので完済までけっこう時間がかかりましたね
社会人
あと少し！
でもなんとかなった！
よし！なんとかなるな！
あべさん息子さんの教育費は？
大学進学用のは保険で貯めてます！
全部で…
300万円くらいだから足りない分はコツコツ貯金で…
コツコツですねー

あ、先生
高校、大学の
授業料、
無償化って
あるんで
したよね？
高校の
授業料無償化は、
「高等学校等
就学支援金」
という制度です
高校等に通う
生徒等に対し、
授業料の一部
または全部を
支援します
高等学校等
就学支援金制度
助かるー
世帯所得や
通う学校の
種類により、
支給の有無や
金額が異なります
詳しくは
文部科学省の
ホームページで
確認できますよ
大学のほうは
無償化という
のではなく、
高等教育の
修学支援新制度が
実施されています
こちらも
文部科学省の
ホームページで
内容を確認して
くださいね
調べて
支援して
もらいます！
もらっちゃう！
教育費の
プラスに
したいですね！

3-3　マイホームと購入計画
マイホームは、数千万円単位の大きな買い物！
ですから、必要な費用を正確に見積もって、資金計画を立てていく必要があります
①マイホーム購入時にかかる資金
あべさんはどうでした？計画的にやりました？
いや…今考えても適当だった
でもどうにかなった!!（まだローンが残ってるけど）
YES!!
それ言うと元も子もないでしょー！
まず重要なのが頭金！
住宅購入時にはある程度の頭金が必要です
この頭金は現金で用意！
頭金＝現金!!
全部住宅ローンではダメなのですか？
通常は、住宅ローンを組んで購入しますが、無理のない借入れにするには、物件価格の2割以上の頭金を用意することが望まれます

あべさんの場合は？
ウチは…実家を建替えて二世帯住宅にしたので親にも出してもらったのです
つぅか親に
あっ、「自分たちも出した」みたいな言い方して！
また、注意したいのが諸費用です
住宅購入時には物件価格の3％～10％の諸費用がかかります
諸費用分も頭金とあわせて現金で用意する必要があります
現金!!
②マイホーム購入時にかかる諸費用
諸費用とは
・住宅ローン手数料
・登記費用
・税金
・保険料
などさまざまあります
そうなのよ諸費用が意外にでかいのよー
新築物件で物件価格の3％～7％、中古物件で6％～10％程度の現金が必要となります
三千万円の物件で90万～210万…
老井手先生中古物件のほうが頭金の割合が多いのはなぜですか？
中古物件の場合は、通常、不動産会社に支払う仲介手数料がかかるからです

住宅購入時だけではなく、その後も、一戸建て、マンションともに維持費や税金などの諸費用がかかります
これらの費用は毎月の住宅ローンの返済額とは別に住居費負担となるので住宅ローンを組むときにはこれらの費用もあわせて考えておかなければなりません
ローンとは別!!
毎年支払う「固定資産税」「都市計画税」とか…
あるよねー
家の修繕費もコツコツ貯金しておきたいですよね
おお、キチンと用意していたんですね?
してないから今大変なのよ
経年
まあ住めるからイイ!!
こうならないために最初に計画しましょうね

マイホーム購入時にかかる資金

物件価格

住宅ローンの借入額	頭金 （物件価格の ２割以上）	諸費用 （物件価格の 3～10%）

現金で用意する分

物件価格3,500万円のマンションを購入する場合の目安

住宅ローンの借入額 約 2,800万円	頭金 約700万円	諸費用 約105万円 ～350万円

現金で約805万円～1,050万円用意

住宅購入にかかる諸費用

購入時	購入後
新築…物件価格の 3%～7%程度 **中古…物件価格の 6%～10%程度** ◎ローン手数料　◎ローン保証料 ◎登録免許税　◎司法書士報酬 ◎不動産取得税　◎印紙税 ◎火災保険、地震保険料 ◎団体信用生命保険料など	一戸建て…増改築費、建物修繕費 マンション…◎管理費、修繕積立金 ◎駐車場代 共　通…　◎固定資産税、都市計画税 ◎火災保険、地震保険料 ◎設備、内装補修費

③頭金と住宅ローン
先ほど、物件価格の２割以上を頭金で！と説明しましたが
最近は物件価格の10割を借り入れできる金融機関が多くなっています
えっ…ということは…
頭金なしで借り入れができますね

ではもし、頭金なしで住宅ローンを組むとどうなるか？
どうなるの？
当然、毎月の返済額や総返済額が大きくなり返済の負担が重くなってしまいます
どーん
負担
逆に、頭金が多ければ多いほど、返済額が少なくて済みます
ですから目安として物件価格の2割以上の頭金を用意しておくことが望まれます！
軽い負担
また、物件の価格は購入してすぐに1割～2割は値下がりするのが一般的です
新築は特に！
値下ゲ
へえぇー すぐに!?
頭金なしで購入すると当面は売却価格がローンの残債を下回る可能性が大きいです
売ろうとしても差額分を現金で用意しないと、売るに売れなくなってしまうという事態が起こることもあります
現金
プラス
家
いや 怖いわー

Point!

一般的に、自営業者は会社員等に比べ、住宅ローンの審査が通りにくいといわれています。それは収入が安定しないなどの理由からです。
自営業者が住宅ローンの審査に通過しやすくするための方法の一つとして、頭金を多めに準備しておくことが挙げられます。頭金が多いと借入額や月々の返済額を抑えることもできるし、審査で金融機関に与える印象もよくなります。
また、その他のローンなどで抱えている負債は、できるだけ減らしておくことも大事なポイントとなります。

④住宅購入への充当額
じゃあ、家の購入資金として貯めていたお金を頭金に使うと安心ですね
あ、でも貯蓄のすべてを住宅購入の費用に充ててしまうのは避けたいです
すべての貯蓄を充ててしまうと病気やケガなどで収入が途絶えてしまうと
住宅ローンの支払いが滞ってしまいます
ですからある程度の貯蓄は残しつつなるべく多くの住宅購入時の費用を用意するのが望ましいですよ
どれくらい残しておけば安心ですか？
生活費の6か月～1年分程度が理想的です
理想ですよね～汗
⑤住宅ローンの考え方
ここからは住宅ローンについて見ていきましょう
住宅ローンを考えるとき大事なのが住宅ローンの利息の額に影響を及ぼす3要素！
見ざる言わざる聞かざる？
3猿
ここではおさるは関係ないです

3要素とは次の３つ
①借入額…借入額が少ないほど総返済額が少ない
②金利…金利が低いほど総支払利息が少ない
③返済期間…返済期間が短いほど総支払利息が少ない
つまり、借入額が少ないほど利息は少なくて済み、
同じ借入額であれば金利が低いほど、期間が短いほど、支払う利息は少なくなる
というわけです
住宅ローンの負担を抑えるには
○頭金をしっかり用意して借入額を減らす
○なるべく金利が低いローンを選ぶ
これが大切！
住宅ローンを払いつつ教育費や老後の資金も貯めるんだから
そりゃあ計画的にしなくちゃあね
今気づきましたね
ヤベ
可能であれば返済期間を短くすることも検討します
ただし、返済期間が短いと、その分月々の負担が大きくなるので要注意です
負担
⑥住宅ローンの返済方法
住宅ローンの返済方法は２種類！
「元利均等返済方式」
「元金均等返済方式」

元利均等返済方式は、元金と利息を合わせた毎月の返済額が一定の返済方法です

元利均等返済方式

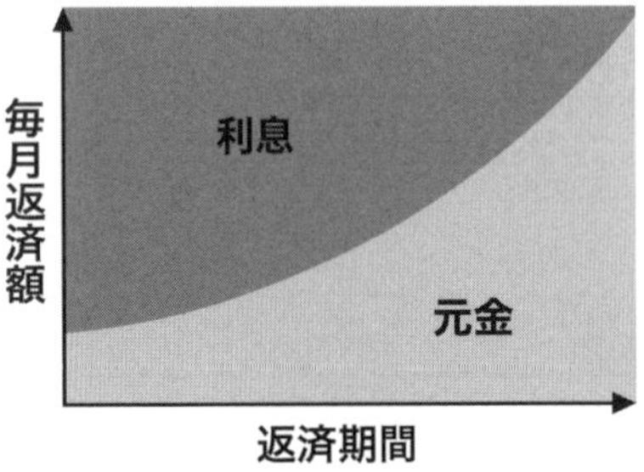
毎月返済額
利息
元金
返済期間

メリット…毎月の返済額が一定なので返済計画が立てやすい
デメリット…当初は利息が占める割合が大きく、元金の減り方が遅い

元金均等返済方式は、元金部分の返済額が一定で、その時点でのローン残高に応じた利息が毎月返済額に上乗せになる返済方法です

元金均等返済方式

毎月返済額
利息
元金
返済期間

メリット…毎月の返済額が徐々に減っていく。元金の減りが早く、総支払利息が少なくなる
デメリット…当初の返済額が大きい

⑦住宅ローンの金利タイプ

住宅ローンの
金利タイプには、
「固定金利型」
「固定金利選択型」
「変動金利型」の
３つがあります

固定金利型

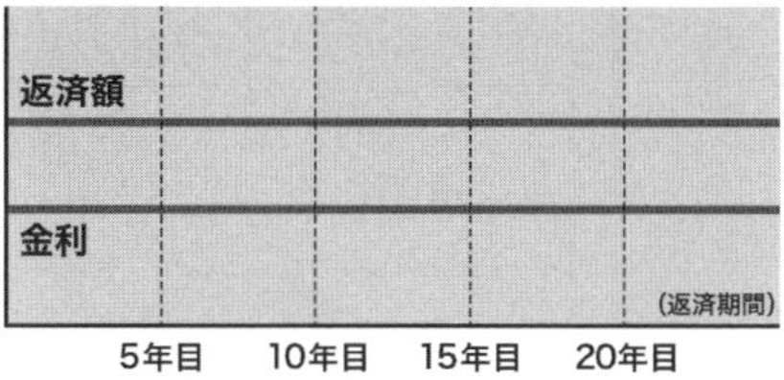
返済額
金利
(返済期間)
5年目
10年目
15年目
20年目

・返済額が一定
・適用金利が完済まで変わらない

固定金利選択型

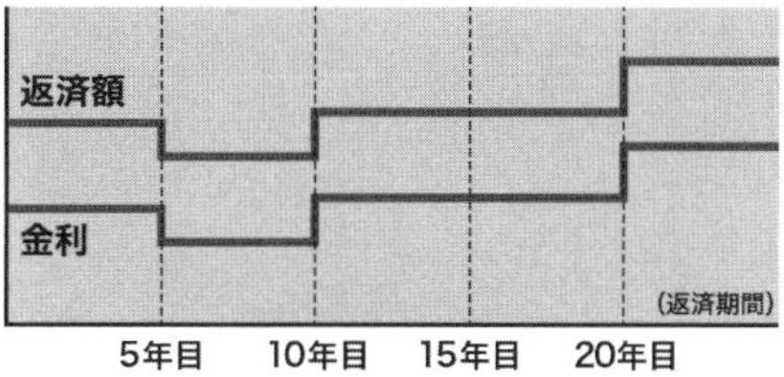
返済額
金利
(返済期間)
5年目
10年目
15年目
20年目

・最初の固定金利の期間を選択
・固定期間終了後、その時点の金利で次の期間と金利タイプを選ぶ
・固定期間終了後は返済額が変わる

変動金利型

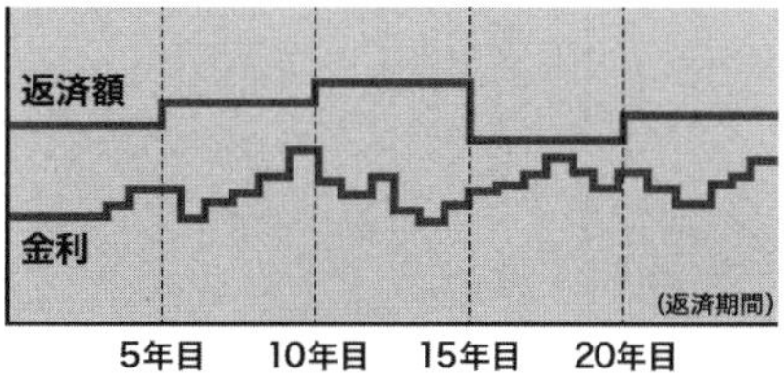
返済額
金利
(返済期間)
5年目
10年目
15年目
20年目

・市場金利に合わせて半年ごと、年２回金利の見直しが行われる
・適用金利が変わっても返済額は５年間は変わらないように
　元金返済部分が調整される

変動金利型や、固定期間の短い固定金利選択型は、適用金利が低くなりますが、
毎月の返済額が市場金利によって変動するリスクがあります
一方、固定金利型は適用金利は高めですが、毎月の返済額が変わらないという安心があります
固定
ウチはこれです
住宅ローンには、適用金利や手数料、保証料など、いくつかの比較のポイントがあります
また、一定の条件を満たすと有利な金利が適用されるという優遇金利が受けられる場合もあります
?
A
B
いくつかの住宅ローンを比較することが大切ですよ
はあー
あべさんの場合は？
住宅ローンのことはほぼお任せでした
でも、計画的な返済のこととか、自分で勉強すべきだったと思いますねー
これから検討する方はぜひ、勉強しましょー

3-4 いま話題の老後の資金
さあ、次は老後の資金についてお話します
①老後にかかるお金
2千万円足りない問題ですね？
コロナの話題でちょっと忘れてたよね
それでも老後はやってきますよ
そもそも「老後」っていくつからだと思います？
うーん…
年金もらえるのが65歳だから
65歳かなあ…
うんうん
ちょっと前は給付は60歳だったから…
びっくりするね
今60歳ってスゴイ若いですよね
60歳グラビアとか…
でも、50過ぎるとくるよー
膝肩腰痛が
へぇー切実ですね
ひとごと

老後はいくつから？について人によって捉え方はさまざまです
たとえば…
公的年金や退職金以外に「準備した資金を生活費として使い始める年齢」を老後生活の開始とする見方があります年齢の平均は…
65.9歳
となっています※
老後資金を使いはじめようと考えている年齢の分布をみると「65歳」が39・7％と最も多く次いで「70歳」「60歳」の順となっています
老後生活の目安の一つとなるでしょう
なるほどー
使えるお金があるなら何歳からでもいいやなあ
まあそうですけどね
ハァー
老後の暮らしにかかるお金についても人によってさまざまです
同じ調査によると
夫婦二人で月の生活費が平均22.1万円

※生命保険文化センター「令和元年度版　生活保障に関する調査」

※生命保険文化センター「令和元年度版生活保障に関する調査」

老後の最低日常生活費

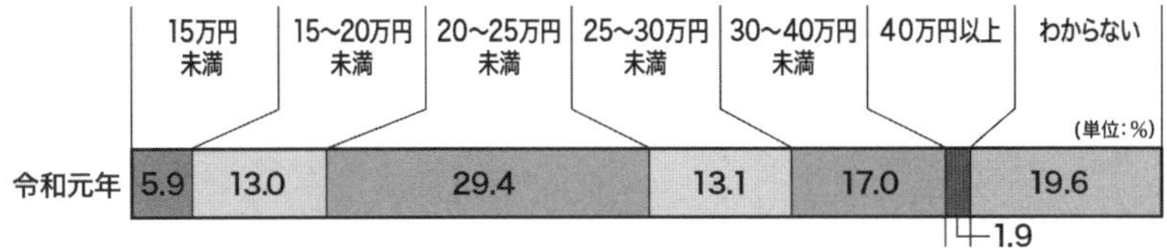
15万円未満
15～20万円未満
20～25万円未満
25～30万円未満
30～40万円未満
40万円以上
わからない
(単位：%)
令和元年
5.9
13.0
29.4
13.1
17.0
19.6
1.9

分布をみると「20～25万円未満」が29・4％と最も多く、以下「30～40万円未満」（17・0％）「25～30万円未満」（13・1％）の順となっています

また、総務省の調査によると高齢夫婦無職世帯（夫65歳以上、妻60歳以上の夫婦のみの無職世帯）の消費支出の月平均額は

約23・6万円（非消費支出を含めると約26・5万円）となっています

※総務省「家計調査年報（家計収支編）令和元年（2019年）家計の概要」

高齢夫婦無職世帯の家計収支

ちなみに、同調査の家計の収支の状況は次のようになっています

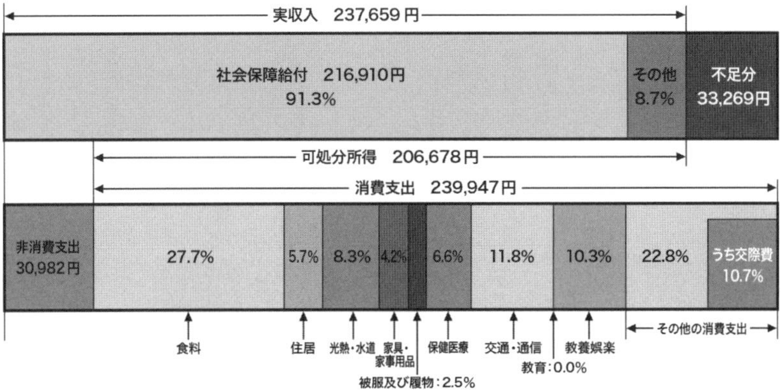
実収入　237,659円
社会保障給付　216,910円
91.3%
その他
8.7%
不足分
33,269円
可処分所得　206,678円
消費支出　239,947円
非消費支出
30,982円
27.7%
5.7%
8.3%
4.2%
6.6%
11.8%
10.3%
22.8%
うち交際費
10.7%
食料
住居
光熱・水道
家具・家事用品
被服及び履物：2.5%
保健医療
交通・通信
教育：0.0%
教養娯楽
その他の消費支出

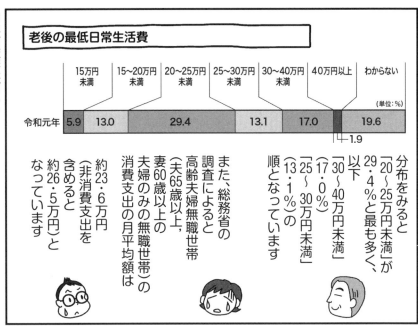

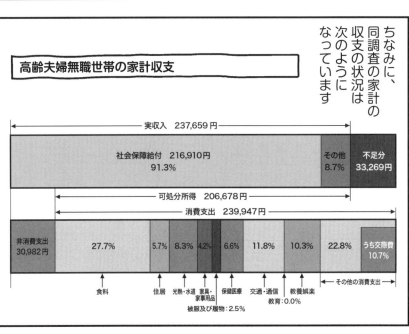

②不足分は早めに備えておく
ここまで、あくまで目安ですが老後のお金について見てきました
気づいたことはありますか？
まるで…私の未来…そのもので…
胃痛がひどいでゲス
うわ
大切なのは知ることです
不足分を備えておくことが大事なんですよね
そのとおり！コツコツ備えましょう
ハアハア
備える方法は次章から詳しく!!
また、老後にはさまざまなイベントでかかる費用があります
イベント!?
これらの費用も合わせて備える必要があります
さらに!?

イベントってフェスとか?
行く行く!
老後のイベントの例
・住宅の増改築・リフォーム…100万円〜500万円
・車の買い替え…100万円〜200万円
・海外・国内旅行…10万円〜60万円
・子どもへの結婚資金援助…100万円〜300万円
・子どもへの住宅購入資金援助…〜1,000万円
・葬儀費用…100万円〜300万円
家
車
どーーん
おそうしき
これかーっ!!
イベントはあくまでも一例で費用も目安ですが
早めに備えておくことが望ましいです
費用を抑えることが望ましいですよ
とりあえず子どもへの援助金は
自分でどうにかしてね
って言っておきます
早めに言い聞かせておくんですね
でも、予備的にでもいくらか確保しておいたほうがいいですよ

Point!

会社員等の場合、定年退職時に退職金の支給があり、
まとまったお金を老後資金として活用することができます。
一方で、自営業者の場合は基本的に定年がなく、
退職金の支給もありません。
この点が老後の資金について
考えていくときに大きな違いとなります。

なお、老後の収入は何といっても公的年金が中心です
公的年金については第5章でくわしく見ていきます
③老後の資金不足に備える方法
老後の資金不足に備える方法はいくつかあります
教えてくだせえ!!
その1 積立・運用
老後の収入の中心は公的年金ですがそれだけでは不足する、もうすこし余裕が欲しいという場合は
その分の老後資金を確保しなければなりません
余裕が欲しいいー!!
その方法は「積立」が基本!
よっしゃ!
積立だあ!!

はい
早い時期から
計画的に
コツコツ
積み立てて
いくことが
大切です！
時間や資金に
余裕があれば
「運用」も
検討できます
つみ立て！
ATM
運用には
税制が
優遇された制度の
「つみたてNISA」を
利用する方法も
あります
つみたて
NISA
焼きたて
チャーシュー！
つみたて
ニーサ！
詳しくは
第4章参照
ジュー
その2　私的年金
公的年金を
補完する
ものとして
私的年金が
あります
公的年金に
上乗せ
するもので
任意に
加入します
制度として
国民年金基金やｉＤｅＣｏ
（個人型確定拠出年金）
があります
私的年金では
ありませんが
自営業者の場合は
小規模企業共済という
制度もあります
iDeco
小規模企業
共済
んー、
今からでも
できるの？
詳しくは
5章で！

その3　個人年金保険
個人年金で老後に備える方法もあります
民間の保険会社などの個人年金保険に加入します
個人年金保険
個人年金については6章でくわしく!

その4　老後も働く
老後も働いて収入を得る方法もあります
働いて老後も一定の収入を確保し、不足分を補うことも選択肢の一つです

はいはい!これです!はいつくばってでも働く!!
それしかない!!
壮絶ですね

く、詳しくは!?
終章で!

Point!

自営業者の場合、基本的に定年がありません。
老後も働き続けることが可能であれば、
老後も働いて収入を得ることができます。
将来的に、いつまで、どのように
働くのかを検討しておくと
よいでしょう。

第3章　人生の三大資金を把握しよう　の　まとめ

「人生の3大資金」は早めに準備しよう

この章では「人生の3大資金」といわれる、「教育資金」「住宅資金」「老後資金」の3つ資金について見てきました。さまざまなライフイベントのなかでも、これら3つの資金は金額が大きいので、早めに計画を立てて準備していくことが肝心です。

まず教育資金についてですが、教育費は総額で子ども1人につき1，000万円を超えることもあるので、とても大きな金額になります。この金額を一度にすべて家計費で賄うのは困難です。ですから、早い時期から計画的に貯蓄で備えていくことが望まれます。

そして、教育資金は「支出の時期をずらせない」「進路によって金額が異なる」という特徴があります。子どもの希望を聞きつつ、進学プランとかかる費用について検討し、少しでも早くプランを立て、資金作りを進めていきましょう。

マイホームは大きな買い物

次に住宅資金についてですが、マイホームは、数千万円単位の大きな買い物になります。ですから、必要な費用を正確に見積もって、しっかりと資金計画を立てていく必要があります。

まず考えておかなければならないのが、住宅購入時に現金で用意をしておかなければならない資金についてです。通常は、住宅ローンを組んで購入するわけですが、無理のない借入れにするためには、物件価格の2割以上の頭金を用意することが望まれます。この頭金部分は現金で用意しなければなりません。

また、注意したいのが諸費用についてです。住宅購入時には物件価格の3%~10%の諸費用がかかるので、諸費用分も頭金とあわせて現金で用意する必要があります。

一般的に、自営業者は会社員等に比べ、収入が安定しないなどの理由から住宅ローンの審査が通りにくいといわれています。自営業者が審査に通過しやすくするための方法の一つとして、頭金を多めに準備しておくことが挙げられます。頭金が多いと借入額や月々の返済額を抑えることもできるし、審査で金融機関に与える印象もよくなります。また、その他のローンなどで抱えている負債は、できるだけ減らしておくようにしましょう。

住宅ローンのポイント

マイホームを購入する際の住宅ローンについて考えるときに大事なのが、住宅ローンの利息の額に影響を及ぼす「借入額」「金利」「返済期間」の3つです。借入額が少ないほど利息は少なくて済み、同じ借入額であれば金利が低いほど、期間が短いほど、支払う利息は少なくなります。ですから、住宅ローンの負担を抑えるためには、頭金をしっかり用意して借入額を減らし、なるべく金利が低いローンを選ぶことが大切です。そして可能であれば返済期間を短くすることも検討します。ただし、返済期間が短いと、その分月々の負担が大きくなるので注意が必要です。

住宅ローンには、適用金利や手数料、保証料など、いくつかの比較のポイントがあります。また、一定の条件を満たすと有利な金利が適用されるという優遇金利が受けられる場合もあります。いくつかの住宅ローンを比較することが大切です。

老後資金も早めの準備を

そして、老後の資金についてです。老後の収入は、何といっても公的年金が中心ですが、公的年金だけで老後の資金を賄うのは困難といえるでしょう。老後の日常の生活費の不足分や、イベントの費用については早めに備えておくことが必要です。

老後の資金不足に備える方法として、「積立・運用（第4章）」「私的年金（第5章）」「個人年金保険（第6章）」「老後も働く」などの選択肢があります。自分に合った方法を検討し、早くから準備してことが大切です。

また、自営業者の場合は、会社員等と違って基本的に定年がありません。会社員等の場合、定年退職時に退職金の支給があり、まとまったお金を老後資金として活用することができます。自営業者は退職金の支給がないので、この点が老後の資金について考えていくときに大きな違いとなります。

一方で、自営業者には定年がないので、老後も働き続けることが可能であれば、老後も働いて収入を得ることができます。将来的に、いつまで、どのように働くのかなどを考えておくとよいでしょう。

第4章

お金の運用を学ぼう

4-1 お金の運用って?
①運用とは
あべさんは日々の暮らしの中で
「もう少し余裕があったら生活が楽になるのにな…」
「老後の資金も思うように貯められないな…」
と思ったことはありませんか?
毎日です!
ですよね!
もう少しお金があったら…長年そんなことを思ってはみるけれど
日々の暮らしはなにも変わることはなく
もう、ずっとこうして生きていくんだなあと悟りはじめ
でもどうせなら明るく生きようと
てんとう虫!
小さきものに喜びを見つけるそんな日々を過ごしております

すでに向こう岸の人！
死んだみたいに言うなよー
お金の運用を考えるのも一つの方法ですよ
運用…？
運用とは貯蓄や投資によって、効率的にお金を増やしていくことです
別の言い方をすると、お金自身に働いてもらい、増やしてもらうことです
いいですねえ！
お金自身に働いてもらうー？
②運用の必要性
お金の運用は、不可欠ではないかもしれませんが運用によって軽減できるリスクもあるのです

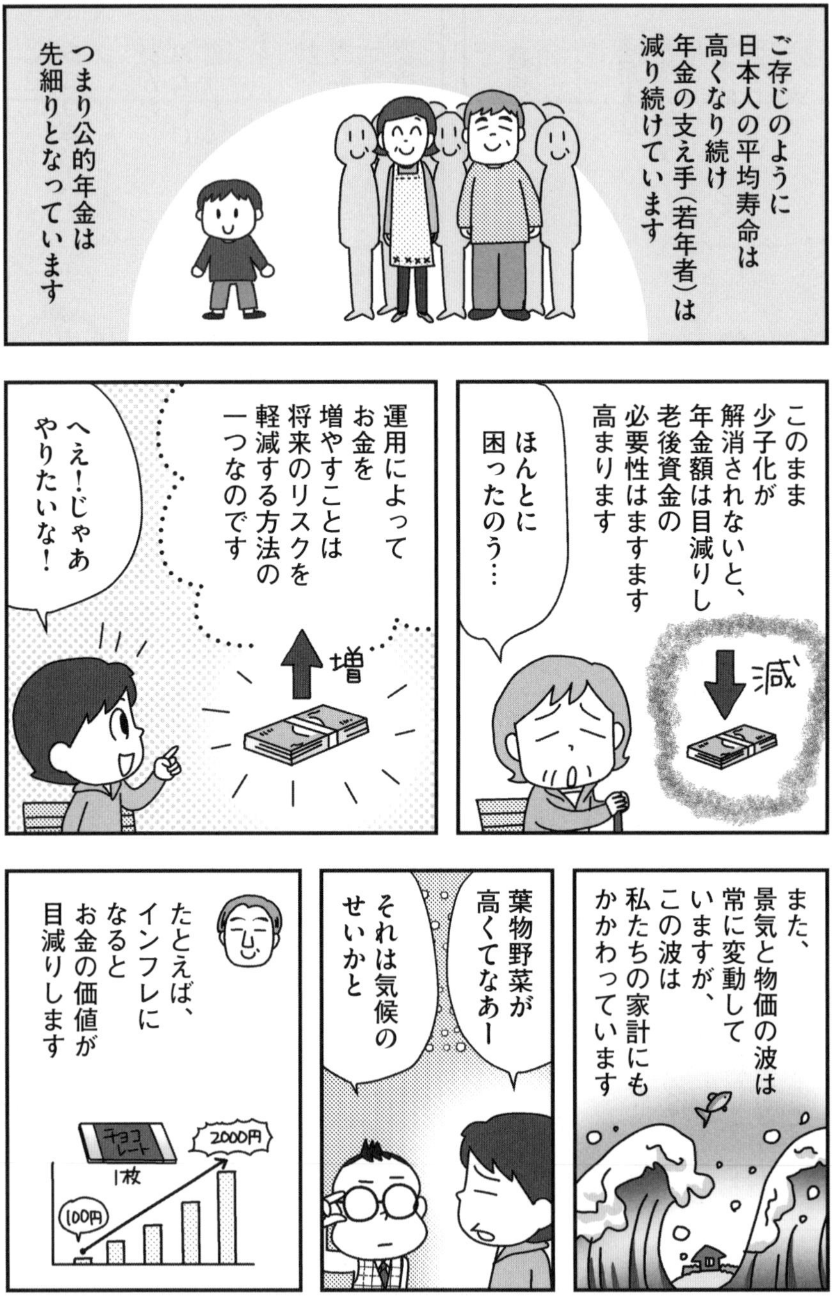
ご存じのように
日本人の平均寿命は
高くなり続け
年金の支え手（若年者）は
減り続けています
つまり公的年金は
先細りとなっています
このまま
少子化が
解消されないと、
年金額は目減りし
老後資金の
必要性はますます
高まります
ほんとに
困ったのう…
減
運用によって
お金を
増やすことは
将来のリスクを
軽減する方法の
一つなのです
増
へぇ！じゃあ
やりたいな！
また、
景気と物価の波は
常に変動して
いますが、
この波は
私たちの家計にも
かかわっています
葉物野菜が
高くてなあー
それは気候の
せいかと
たとえば、
インフレに
なると
お金の価値が
目減りします
チョコレート
1枚
2000円
100円

現在はインフレの時代ではありませんが、今後はどうなるかわかりません
将来、インフレの時代を迎え、それが長期にわたると貨幣価値が大きく下落することになります
このリスクを運用によってカバーすることができるのです
運用
へぇー!! どういうことですか？
インフレになるとお金の価値が目減りするという説明をしましたが
もう少し具体的に考えてみましょう
お金の価値はいつも一定ではありません
その時々の物価の状況によって変わります
たとえば、1個一万円で買える商品があるとしましょう
デフレ（物価が下がる）の影響で値段が下がり9千円になったとします
1万円の価値のある布団が9千円で買えた！

つまり、1万円が実質的に1万円以上の価値を持ったことになります
1万円の価値が上がった!!
反対にインフレ(物価が上がる)になるとその影響によって商品の値段が上がります
一万円で買えるものがどんどんなくなるー？
10.000円のふとんが
インフレ
11.000円に！
物価が上がる
イコール ||
お金の価値が上がる
1万円
1個1万1千円になると1万円では買うことができなくなりお金の価値が下がったことになるのです
1万円じゃあ買えなくなっちゃった…
ここまでいいですか？
とりあえず、今布団はいりません！
先に行きましょう

つまり、1万円を持っていてインフレになった場合
そのまま持っているだけでは
1万円の価値は目減りすることになりますよね
10000
10000

そこでインフレに備えて運用でお金を増やしていこうというわけです
運用で！

③貯蓄と投資の違い
これまでに貯蓄、投資という言葉を使ってきましたがここで言葉の意味を確認しておきましょう
わかってますかねぇ

えーと貯蓄は貯金すること
投資は株とかを買ってお金を増やすこと？
まあざっくりOKです

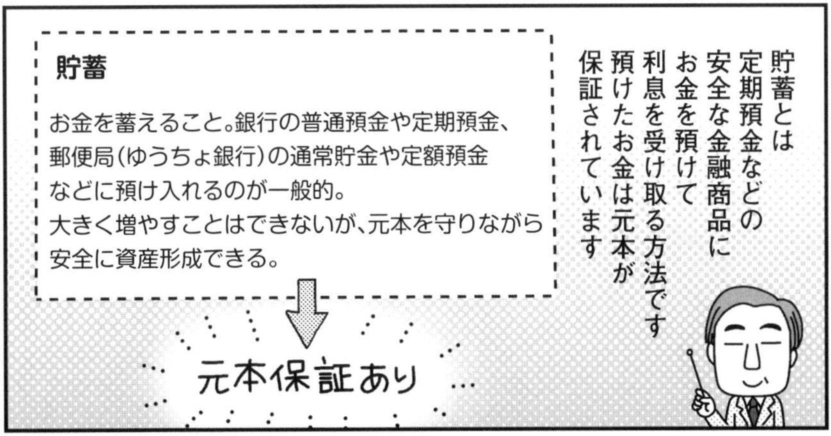
貯蓄とは定期預金などの安全な金融商品にお金を預けて利息を受け取る方法です預けたお金は元本が保証されています
貯蓄
お金を蓄えること。銀行の普通預金や定期預金、郵便局（ゆうちょ銀行）の通常貯金や定額預金などに預け入れるのが一般的。
大きく増やすことはできないが、元本を守りながら安全に資産形成できる。
元本保証あり

一方、投資は価格が変動するタイプの金融商品を購入して、元本の成長や配当に期待する方法です
投資
将来有望と思われる企業やモノに資金を投じること。金融商品の場合、中長期的な視野に立って、株式や投資信託を購入して、その運用成果に期待すること。運用がうまくいって利益が得られる可能性がある反面、損失を被る可能性も持ち合わせている。
リスクがある
元本(もとほん)って何ですか?
元本(がんぽん)です 利益を生み出す元になるお金のことです
つまり、貯蓄は
あまり増えないが、元本が保証されているので安心
投資は
運用がうまくいけば利益が得られるが損失が出る可能性もあるのでリスクがあるというわけです
ここはよくわかりました!
よかった よかった
具体的な運用方法や、株式・投資信託などの金融商品については、あとでくわしく見ていきます
ここでは貯蓄と投資の性質を押さえておきましょう
はーい

4-2　金融商品にも性格がある
運用を行う際には、金融商品を選ぶ必要があります
①金融商品もそれぞれ性格が異なる
一口に金融商品といっても…
預貯金、投資信託、株式、債券、保険…
さまざまな商品があります
そして、金融商品も人と同じように、それぞれ性格が異なります
性格が!?
物事をぜったい前向きに考えないネガティブタイプとか?
明るく朗らかだけど陰で人の悪口すごい言うタイプとか?
そういうのじゃないです
性格とは商品の長所・短所のことです
金融商品を選ぶときはそれぞれが持つ性格を比較し目的にあった商品を選択しなければなりません
金融商品
ここでは、金融商品が持つ性格について見ていきましょう
性格のいい奴がいいよなあ～

※金融商品の詳細についてはP130以降で解説

②金融商品の3つの基準「安全性」「流動性」「収益性」
金融商品の性格を知るための手がかりとして「安全性」「流動性」「収益性」の３つの基準があります
「安全性」「流動性」「収益性」！
安全性とは、金融商品に充てたお金がどの程度保証されるのか、目減りしたり、期待していた利益が得られなくなったりする可能性がないかという基準
安全
流動性とは、お金が必要になったときにいつでも引き出せるか、どのくらい自由に現金に換えることができるかという基準
流動
金融商品によっては、すぐには換金できなかったり、中途解約のために手数料などのコストがかかるものもある

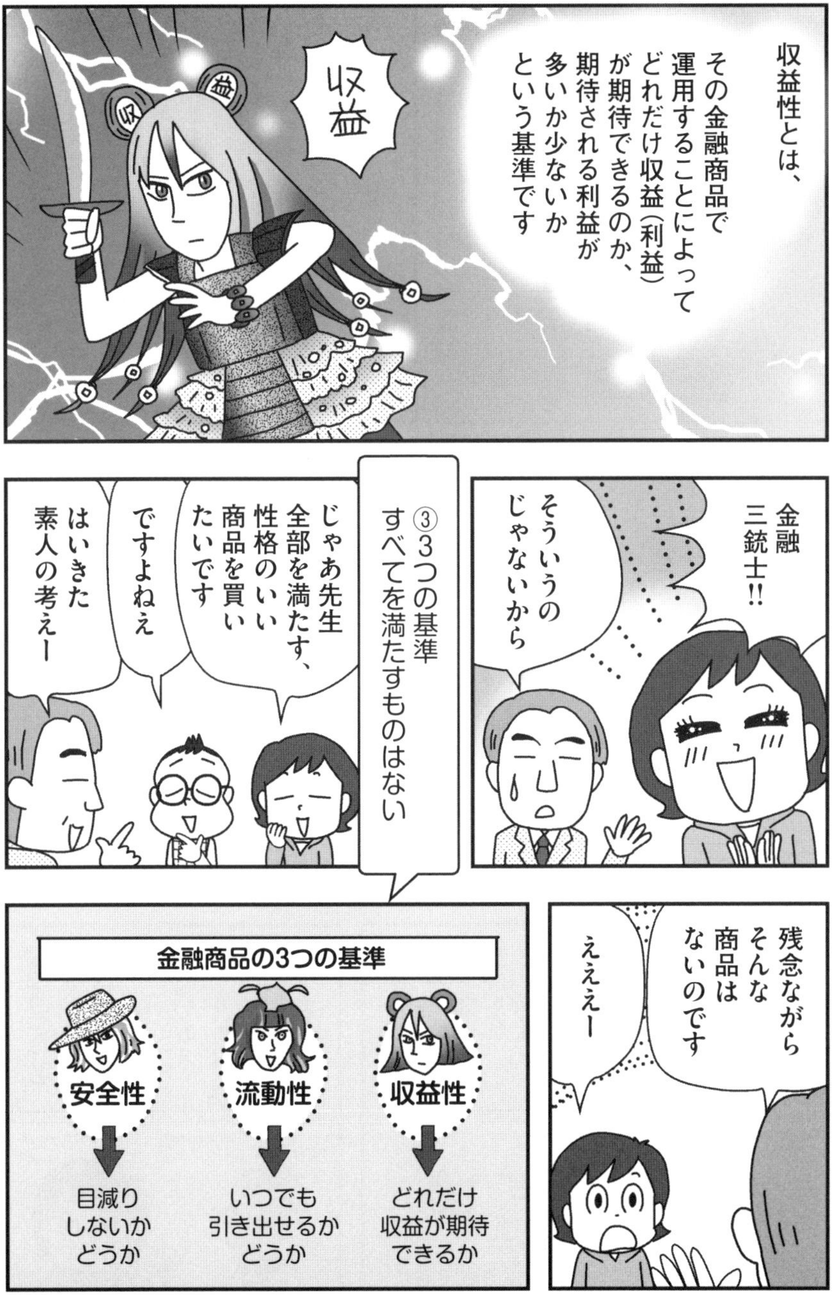
収益性とは、
その金融商品で運用することによってどれだけ収益（利益）が期待できるのか、期待される利益が多いか少ないかという基準です
収益
収
益
金融三銃士!!
そういうのじゃないから
じゃあ先生全部を満たす、性格のいい商品を買いたいです
ですよねぇ
はいきた素人の考えー
③3つの基準すべてを満たすものはない
残念ながらそんな商品はないのです
えぇえー
金融商品の3つの基準
安全性
目減りしないかどうか
流動性
いつでも引き出せるかどうか
収益性
どれだけ収益が期待できるか

④商品を選ぶときには長所・短所を比較する
3つの基準を全部満たす商品がない?
じゃあどうやって選ぶんです?
ふむ
まず、安全性と収益性は両立が難しい関係といわれます
安全性
収益性
つまり「安全性が高い商品」は「収益性が低い」、
「収益性が高い商品」は「安全性が低い」ということです
安
益
益
安
うむむ
たとえば、「普通預金」と「投資信託」(P140参照)の関係が当てはまります
はいー
「地味だけどやさしい彼氏」と「性格悪いイケメン」みたいな?
よけいわかりにくいな
普通預金は元本が保証され安全性は高いのですが利率が低く収益性は低くなります
今は金利がつかないもんね
金利0.001%?
BANK

一方、投資信託は収益性は期待できるのですが、目減りする可能性があるので安全性は低くなります
投資だからリスクもありますからね
安全性：「普通預金」＞「投資信託」
収益性：「普通預金」＜「投資信託」
また、収益性と流動性も両立が難しい関係といわれます
収益性
流動性
つまり、「収益性が高い商品」は「流動性が低い」「流動性が高い商品」は「収益性が低い」ということです
流動性？
すぐに現金化できるかってことですね
たとえば、「定期預金」と「普通預金」の関係が当てはまります
普通
定期
定期預金は普通預金に比べて高い利率なので収益性は高いのですが、原則として一定期間は現金化できないので流動性は低くなります
すぐにはおろせないよ！
BANK
定期
ははあ、定期預金はすぐには下ろせないつまり流動性が低いってことですね
そうそう

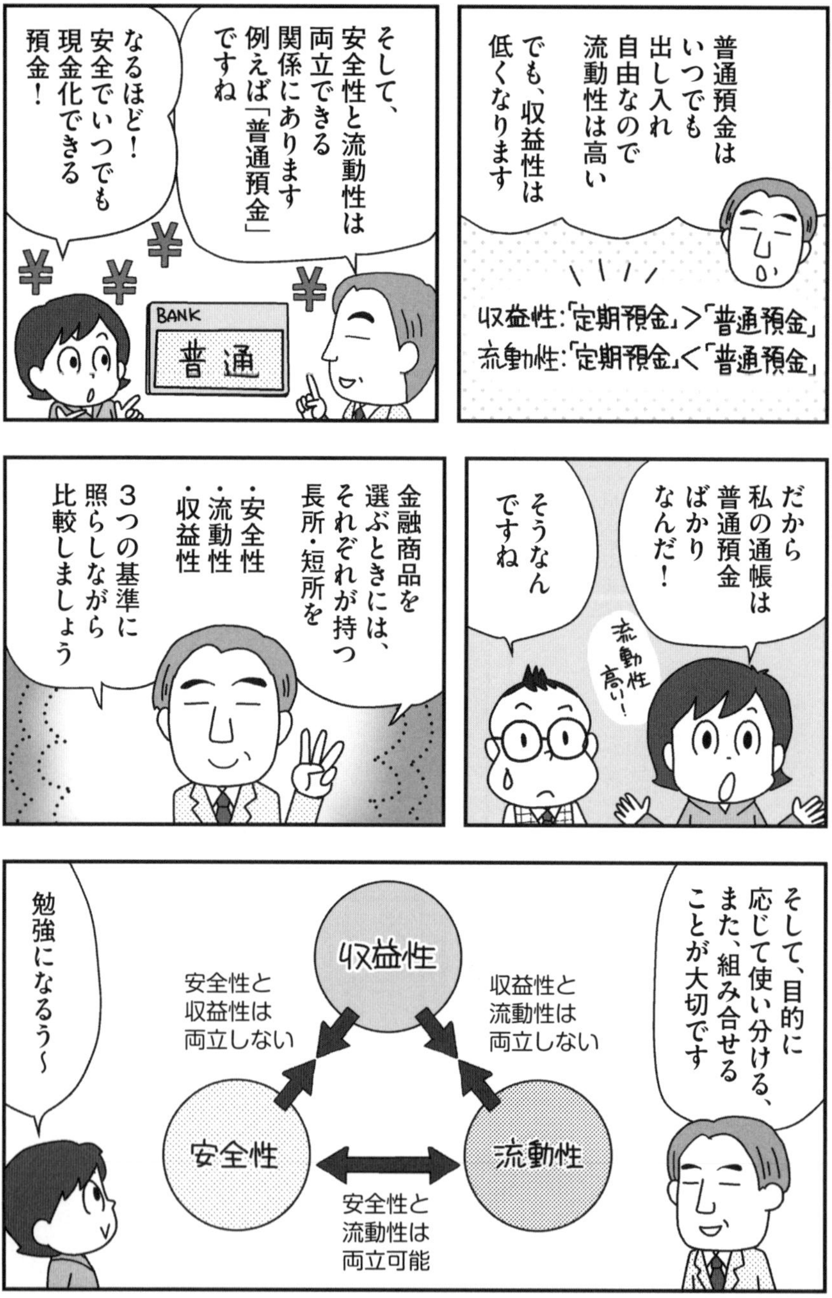
普通預金はいつでも出し入れ自由なので流動性は高い
でも、収益性は低くなります
収益性:「定期預金」>「普通預金」
流動性:「定期預金」<「普通預金」
そして、安全性と流動性は両立できる関係にあります例えば「普通預金」ですね
BANK
普通
なるほど！安全でいつでも現金化できる預金！
だから私の通帳は普通預金ばかりなんだ！
流動性高い！
そうなんですね
金融商品を選ぶときには、それぞれが持つ長所・短所を
・安全性
・流動性
・収益性
3つの基準に照らしながら比較しましょう
そして、目的に応じて使い分ける、また、組み合せることが大切です
収益性
安全性
流動性
安全性と収益性は両立しない
収益性と流動性は両立しない
安全性と流動性は両立可能
勉強になるう〜

4-3 目標のお金を貯める方法

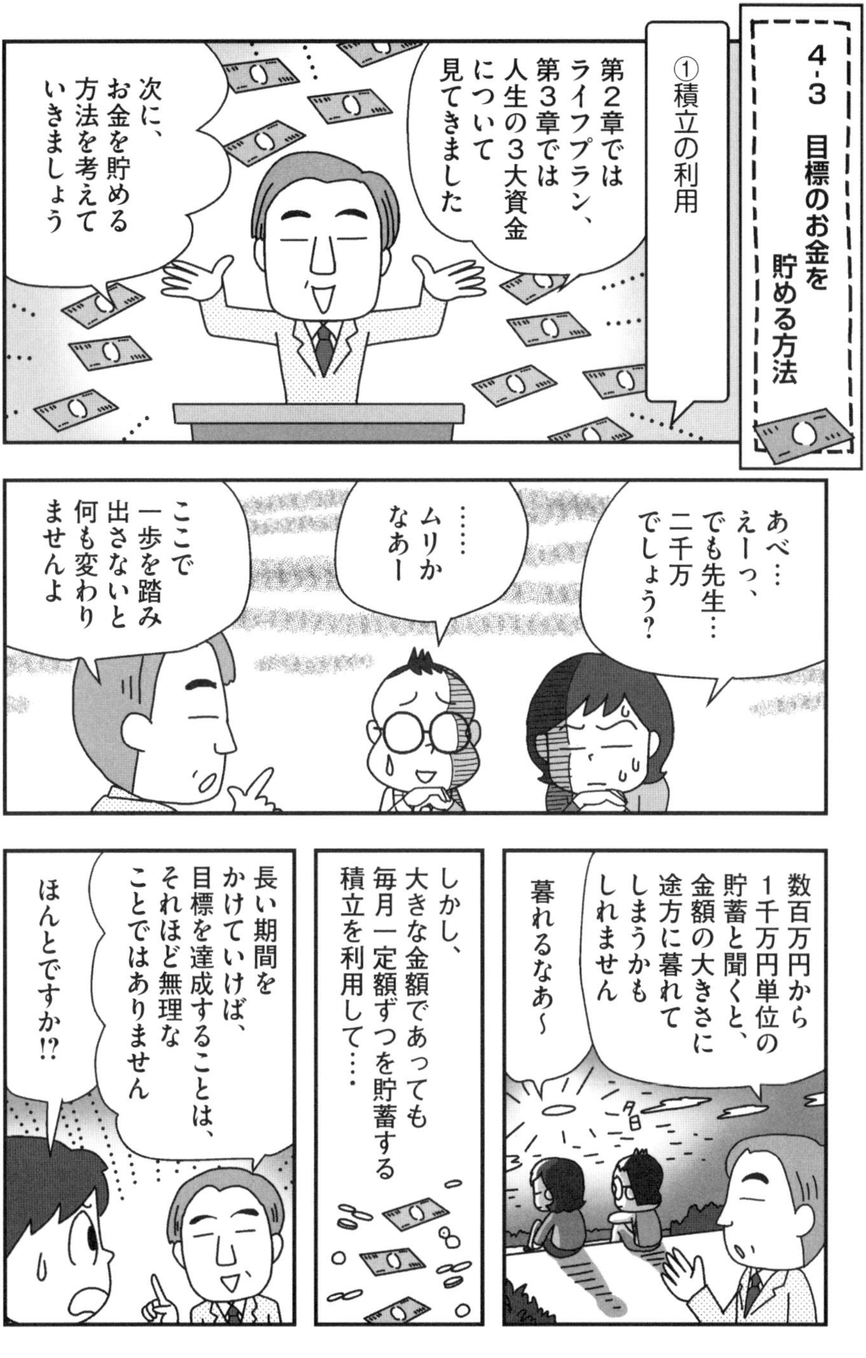
①積立の利用
第2章ではライフプラン、第3章では人生の3大資金について見てきました
次に、お金を貯める方法を考えていきましょう
あべ…えーっ、でも先生…二千万でしょう？
……ムリかなぁー
ここで一歩を踏み出さないと何も変わりませんよ
数百万円から1千万円単位の貯蓄と聞くと、金額の大きさに途方に暮れてしまうかもしれません
暮れるなぁ～
夕日
しかし、大きな金額であっても毎月一定額ずつを貯蓄する積立を利用して……
長い期間をかけていけば、目標を達成することは、それほど無理なことではありません
ほんとですか!?

たとえば、毎月3万円ずつ積み立てていくと…
どど〜ん♪
5年後…
3万円×12カ月×5年＝180万円
10年後…
3万円×12カ月×10年＝360万円
15年後…
3万円×12カ月×15年＝540万円
20年後…
3万円×12カ月×20年＝720万円
3万円が大金に！
ですよね
でも先生、まとまったお金がどかんと降ってくるような方法を教えてくれますか
困りましたねこの人は
どうぞ続けてください
この計算では利息を考慮していないので、少ない利率であっても、利息がつけばこの金額以上になりますよ
はい－
そして、月々の貯蓄額や、積立年数を増やせば、これ以上の貯蓄が可能になります
まとまったお金を貯めるには積立が有効といえるでしょう

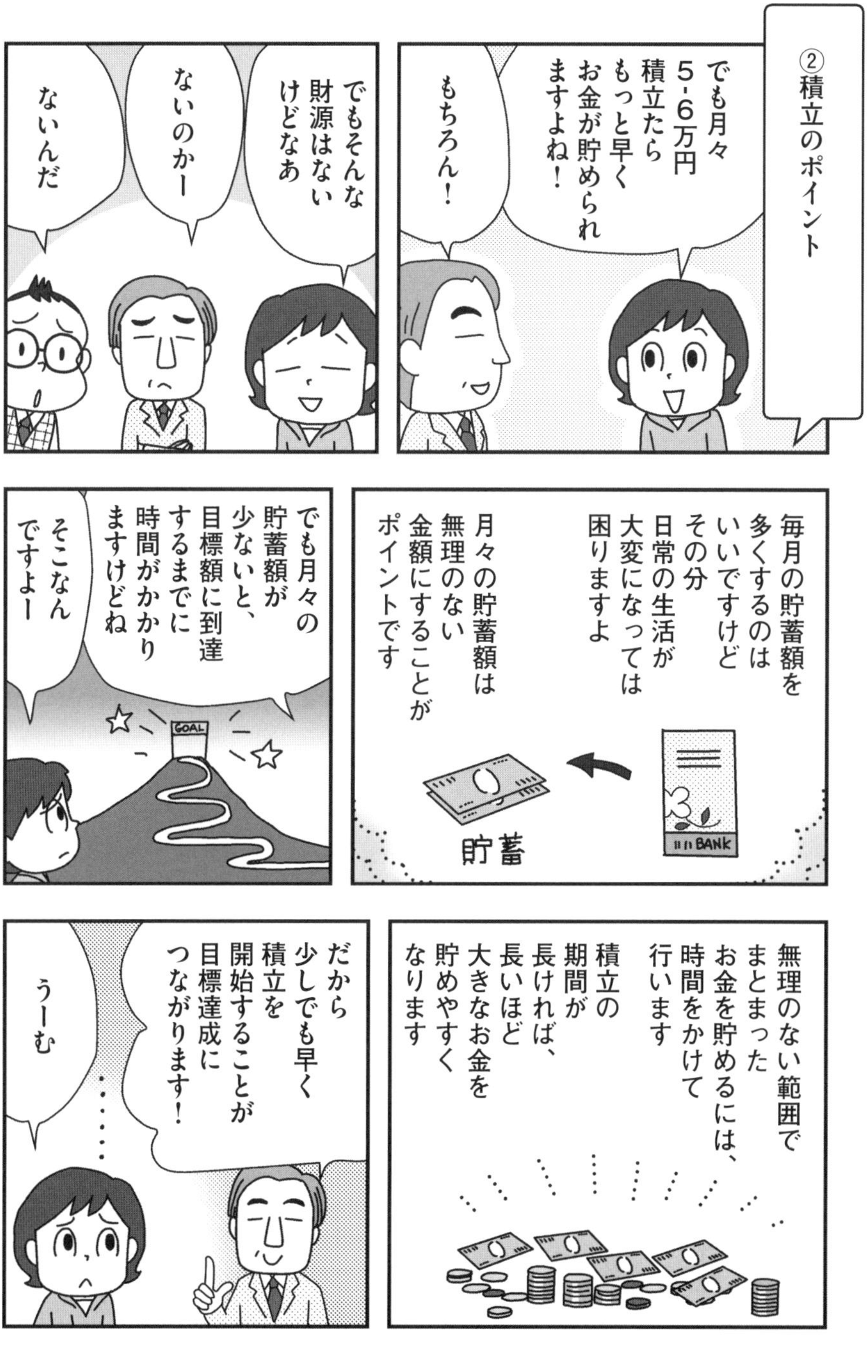
②積立のポイント
でも月々5・6万円積立たらもっと早くお金が貯められますよね！
もちろん！
でもそんな財源はないけどなあ
ないのかー
ないんだ
毎月の貯蓄額を多くするのはいいですけどその分日常の生活が大変になっては困りますよ
月々の貯蓄額は無理のない金額にすることがポイントです
BANK
貯蓄
でも月々の貯蓄額が少ないと、目標額に到達するまでに時間がかかりますけどね
そこなんですよー
GOAL
無理のない範囲でまとまったお金を貯めるには、時間をかけて行います
積立の期間が長ければ、長いほど大きなお金を貯めやすくなります
だから少しでも早く積立を開始することが目標達成につながります！
うーむ
……

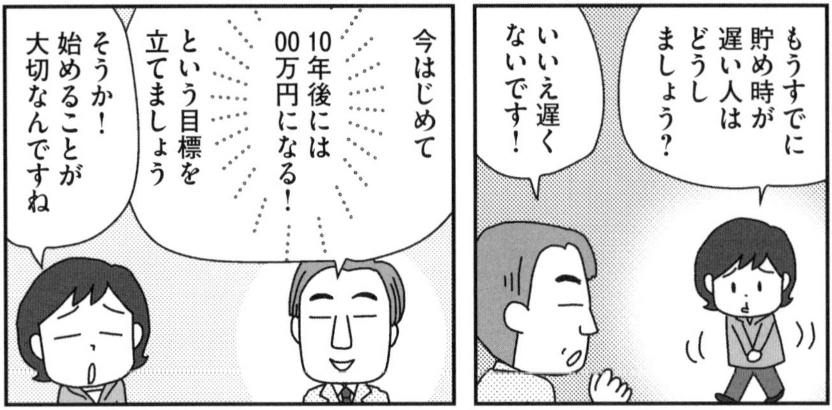
もうすでに貯め時が遅い人はどうしましょう？
いいえ遅くないです！
今はじめて10年後には00万円になる！という目標を立てましょう
そうか！始めることが大切なんですね

Point!

自営業者の場合、収入が不安定なことがあります。収入が多いときもれば、少ないときもあるという場合、多いときにだけ貯めようとしても、なかなか貯まっていきません。収入が少ないときであっても、必ず無理のない最低額は貯蓄するようにします。最低額は貯蓄するようにしておいて、多いときには貯蓄額を増やしていくようにするのがポイントです。そして、一定額の資金を積み立て、緊急資金をしっかり確保することができたら、その後に運用を考えていくとよいでしょう。

さらに収益性や安全性、流動性などを加味してどの金融商品で積立をするかを決めましょう
コツコツちょきん
貯め貯金
もりもり貯金
③積立に向く金融商品
積立に向いている金融商品は「自動的に天引きできるもの」「いつでも購入できるもの」「売買単位が小額でも可能なもの」といえます
天引きできないと続かなそう…

元本の安全性を重視するなら…！
○銀行の「積立預金」、
○ゆうちょ銀行の「自動積立定期貯金」
○会社員等の場合、「財形貯蓄」が使えることも※
最大の特徴は「元本変動リスクがない」増やすことよりも計画的に貯めていって、目標金額を達成するというプランに向いています
安全性重視！
※勤務先によります
収益性を重視するなら…！
○「株式累積投資（るいとう）」
○「投資信託の積立投資」
積み立てたお金を積極的に運用して、さらに増やしていくことを目的とする場合に向いています
こっちは運用か
保険を利用するなら…！
○「養老保険」
○「学資保険（こども保険）」
「養老保険」のような貯蓄性の高い保険は万が一の場合の備えを作りながら、最終的には満期保険金としてお金を受け取ることができます
同様に「学資保険（こども保険）」のような保険商品も保険のしくみを活用して中長期の資産形成に役立ちます
※保険の詳細は第6章を参照

4-4　お金の運用の基本

では具体的にお金の運用について見ていきますよ
その第一歩は仕分け!
ウィス!!
①手元のお金を4つに分類してみよう!
手持ちのお金には、すでに使い道が決まっているお金と決まっていないお金があります
まずは、お金を次の４つに分類してみましょう

①生活資金

日常の生活費などに使うお金

お米

②使用予定資金

今後10年以内に使う予定があるお金

子どもの教育資金やマイホームの資金など

③余裕資金

今後10年以内に使う予定がないお金

老後の資金など

④緊急資金

急な出費に備えるためのお金

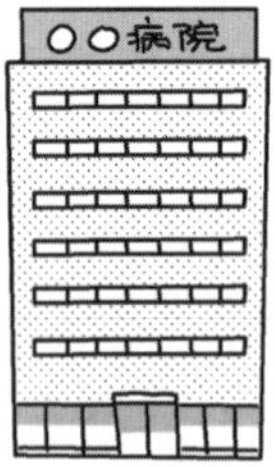

○○病院

うーん
どうしました？
どう考えても緊急資金が余裕資金と同じなのですが
余裕がなさすぎて
はいはい
区別できていないこともあるでしょうね
ではあらためて仕分けをしてみましょう
はい
すぐに使う予定のないお金これはいくらぐらいありますか？
うーん…100万円くらい？
通帳
では、この中から何かあった時に使うための緊急資金の金額を設定しましょう
緊急資金…

緊急資金というのは「急な出費に備えるためのお金」ですよね
急な出費というと…
病気とかケガで入院するとか…?
でもこれは保険でまかなえそう
他に思いつくのは家の設備かな
おふろ給湯機＋水栓交換＋サーモスタット　35万円
台所の水栓　4万円
ガスレンジ　22万
すごい具体的ですね
ここ3年でにバタバタ壊れて大変だったんです
なんとか払った
こわ〜
あとは…パソコンか車の故障とか…
両方古いし壊れたら買わなくちゃならないけど…
緊急資金は50万円にします
わかりました

ではすぐに使う予定のないお金から緊急資金を引いた金額を「余裕資金」としましょう
じゃあ…
すぐ使わない100万円マイナス緊急資金50万円で
余裕資金は50万円！と
なるほど
②4つの資金にはそれぞれ性質がある
これら4つの資金のうち、生活資金と緊急資金は、減らすことができない、しっかり確保しておかなければならないお金です
カクホ!!
緊急資金
生活資金
使用予定資金は、目的や運用期間にあわせて、運用方法を検討していきます
また、余裕資金については、投資などに回せる、積極的に増やすお金と考えましょう
投資
余裕
生活資金と緊急資金は、元本保証があり、また、すぐに引き出すことができる金融商品で貯蓄します
安全BANK

使用予定資金は安全性が高く、かつ通常の預貯金よりも高い利回りを目指す金融商品での運用を考えます
余裕資金は自分のリスクの許容度にあわせて投資に回すなどの積極的な運用を検討しましょう
大きくなーれ！
ちゃららっちゃっちゃ〜ん♪
はっ！あべさんのレベルが上がった!?
お金の運用の基本中の基本について理解できました！
よかったよかった
ほんとかな
③リスクとリターン
リターンはうれしいけどリスクは怖いです〜
よく知らないから怖いのかもしれませんね
そうですねあらためてリスクとリターンについて説明しましょう

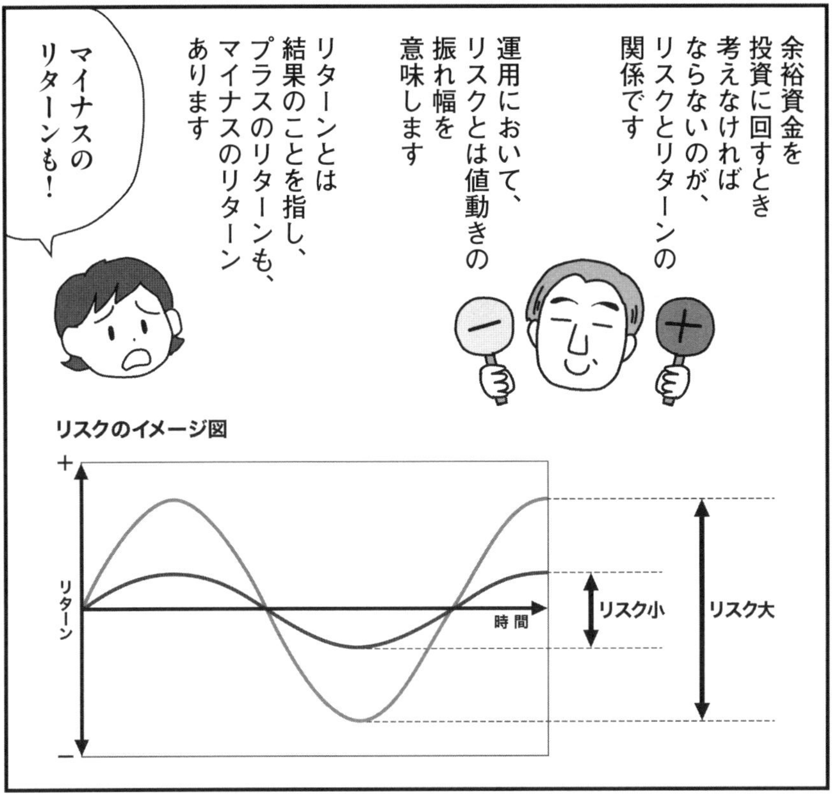
余裕資金を投資に回すとき考えなければならないのが、リスクとリターンの関係です
運用において、リスクとは値動きの振れ幅を意味します
リターンとは結果のことを指し、プラスのリターンも、マイナスのリターンもあります
マイナスのリターンも！
−
＋
リスクのイメージ図
＋
−
リターン
時間
リスク小
リスク大

リスクとリターンは表裏一体の関係にあります
大きなリターンが期待できる金融商品ほど、価格が上がったり下がったりという値動きの振れ幅も大きくなります
上がったー!!

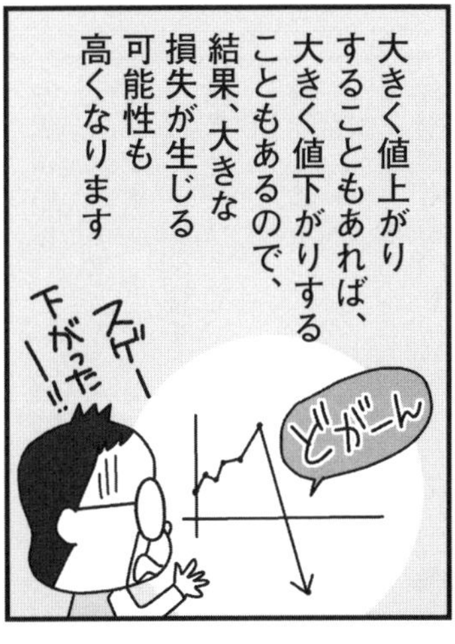
大きく値上がりすることもあれば、大きく値下がりすることもあるので、結果、大きな損失が生じる可能性も高くなります
スゲー下がったー!!
どがーん

つまり、高い利回りが期待できる金融商品ほど、元本割れ※などのリスクを伴うというわけです
※金融商品の価格が当初の購入価格を下回ること
へえー
たとえばどんな金融商品があるんですか？
株式がその代表です 詳しくは後ほど説明しますね
反対にリスクが小さい金融商品は値動きの幅も小さくなるので、大きく値下がりする可能性は低い反面、期待できるリターンも小さくなります
元本割れなどのリスクが少ない金融商品ほど、利回りは低いというわけです
利回り
リスク
小
小
こちらはどんな商品ですか？
預貯金や個人向け国債（P152参照）などがあります
金融商品を選ぶときには、リスクとリターンの関係を踏まえたうえで、
自分にはどれくらいリスクを取る余裕があるのか、
リスク……
運用の目的はなんなのかを見極めて
目的
金融商品を選択することが大切です
ローリスク
ローリターン
ハイリスク
ハイリターン

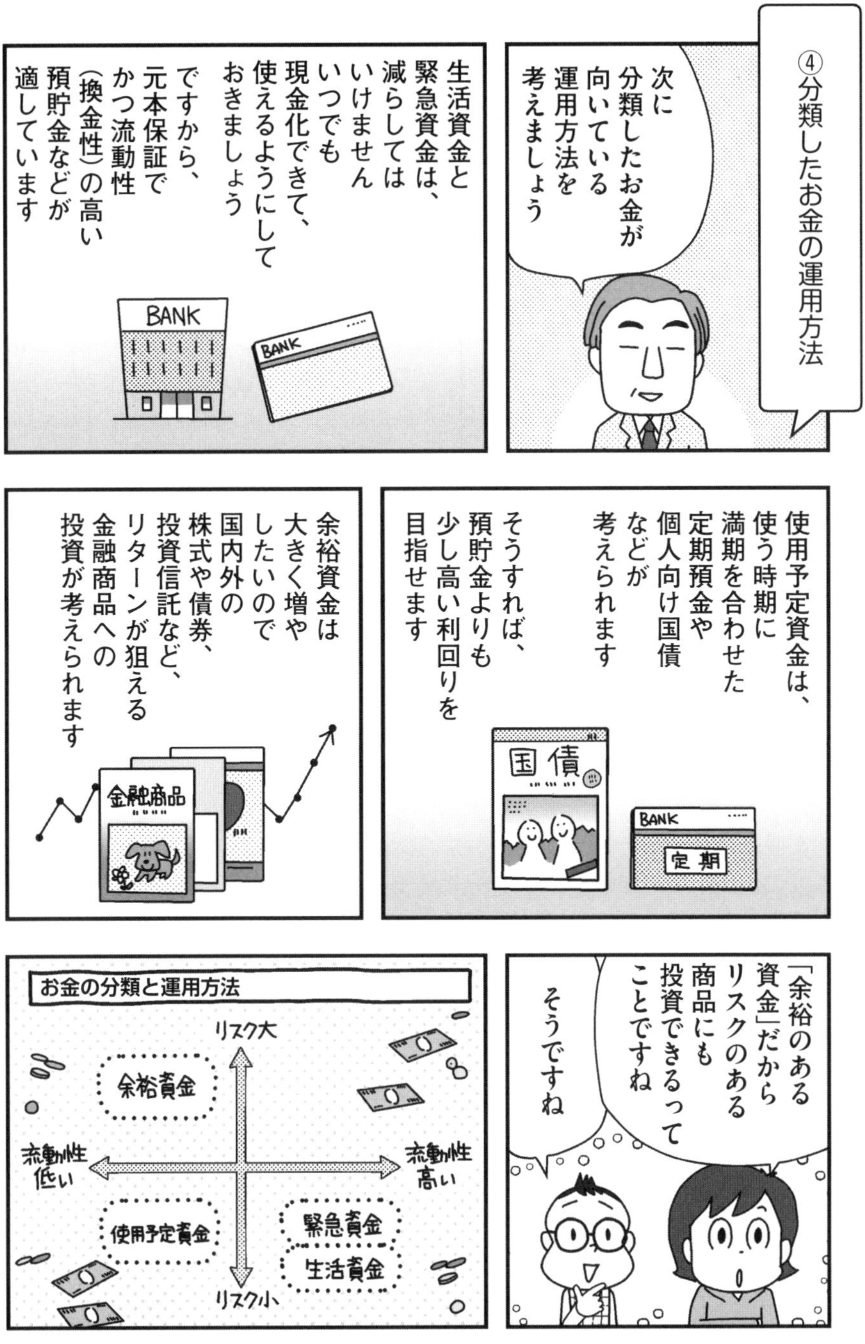
④分類したお金の運用方法
次に分類したお金が向いている運用方法を考えましょう
生活資金と緊急資金は、減らしてはいけませんいつでも現金化できて、使えるようにしておきましょう
ですから、元本保証でかつ流動性（換金性）の高い預貯金などが適しています
BANK
BANK
使用予定資金は、使う時期に満期を合わせた定期預金や個人向け国債などが考えられます
そうすれば、預貯金よりも少し高い利回りを目指せます
国債
BANK
定期
余裕資金は大きく増やしたいので国内外の株式や債券、投資信託など、リターンが狙える金融商品への投資が考えられます
金融商品
「余裕のある資金」だからリスクのある商品にも投資できるってことですね
そうですね
お金の分類と運用方法
リスク大
余裕資金
流動性低い
流動性高い
使用予定資金
緊急資金
生活資金
リスク小

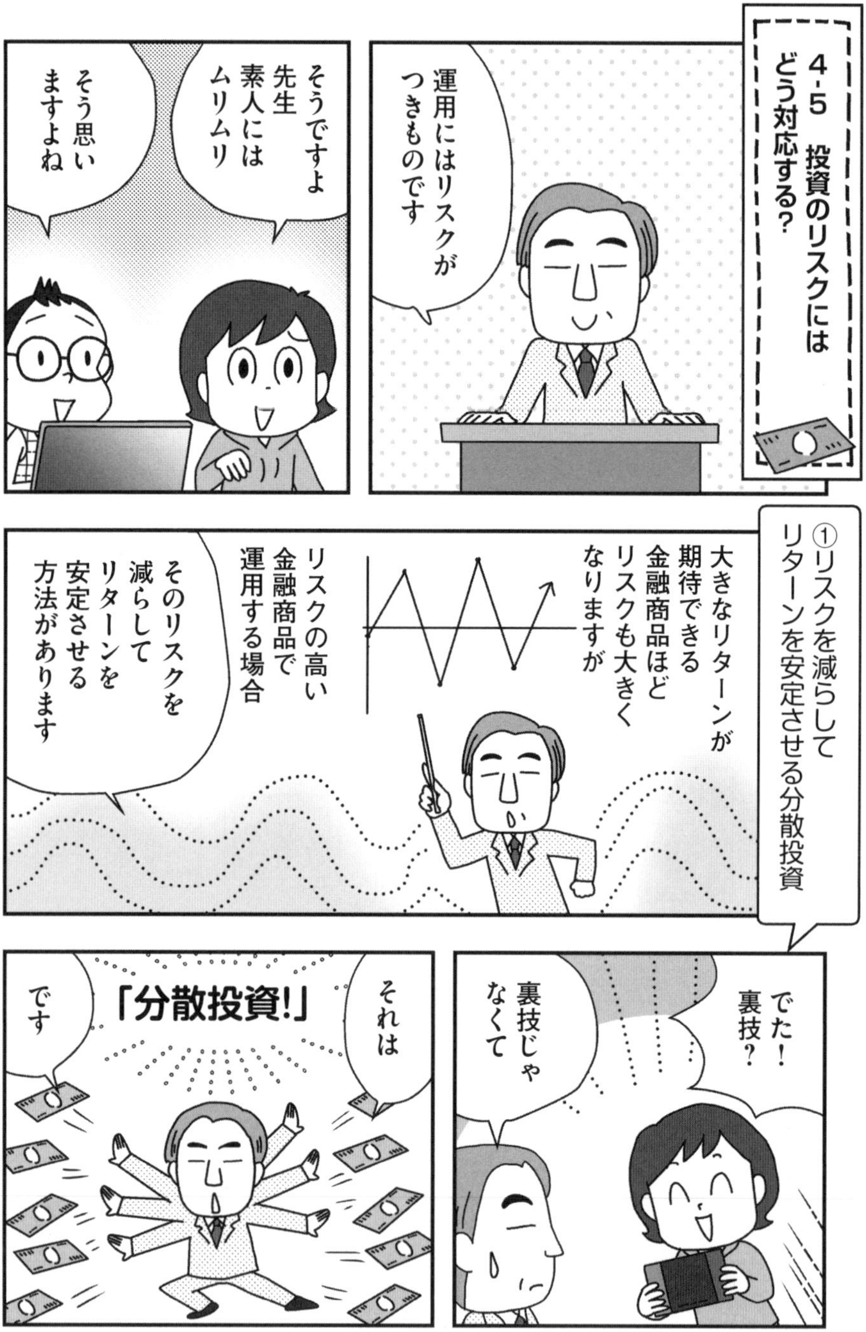
4-5 投資のリスクにはどう対応する?
運用にはリスクがつきものです
そうですよ 先生 素人にはムリムリ
そう思いますよね
①リスクを減らしてリターンを安定させる分散投資
大きなリターンが期待できる金融商品ほどリスクも大きくなりますが
リスクの高い金融商品で運用する場合
そのリスクを減らしてリターンを安定させる方法があります
でた! 裏技?
裏技じゃなくて
それは
「分散投資!」
です

「卵は1つのかごに盛るな」という格言があります
わかります！
定食屋で卵は無料だと思って食べたら後でお金取られたみたいな？
格言になってない
違います
卵を一つのかごに入れ、そのかごを落としてしまったら
卵が全部割れてしまいます
あーあー!!
でもいくつかのかごにわけて入れれば
1つのかごを落として卵を割ってしまっても
他のかごの卵は無事ですよね
ほっ
こっちは無事!!
これと同じように、資金を複数の金融商品に分けて投資すれば、
1つの金融商品の価格が値下がりしても、資金の全体の値下がりを防ぐことができます
なるほどー

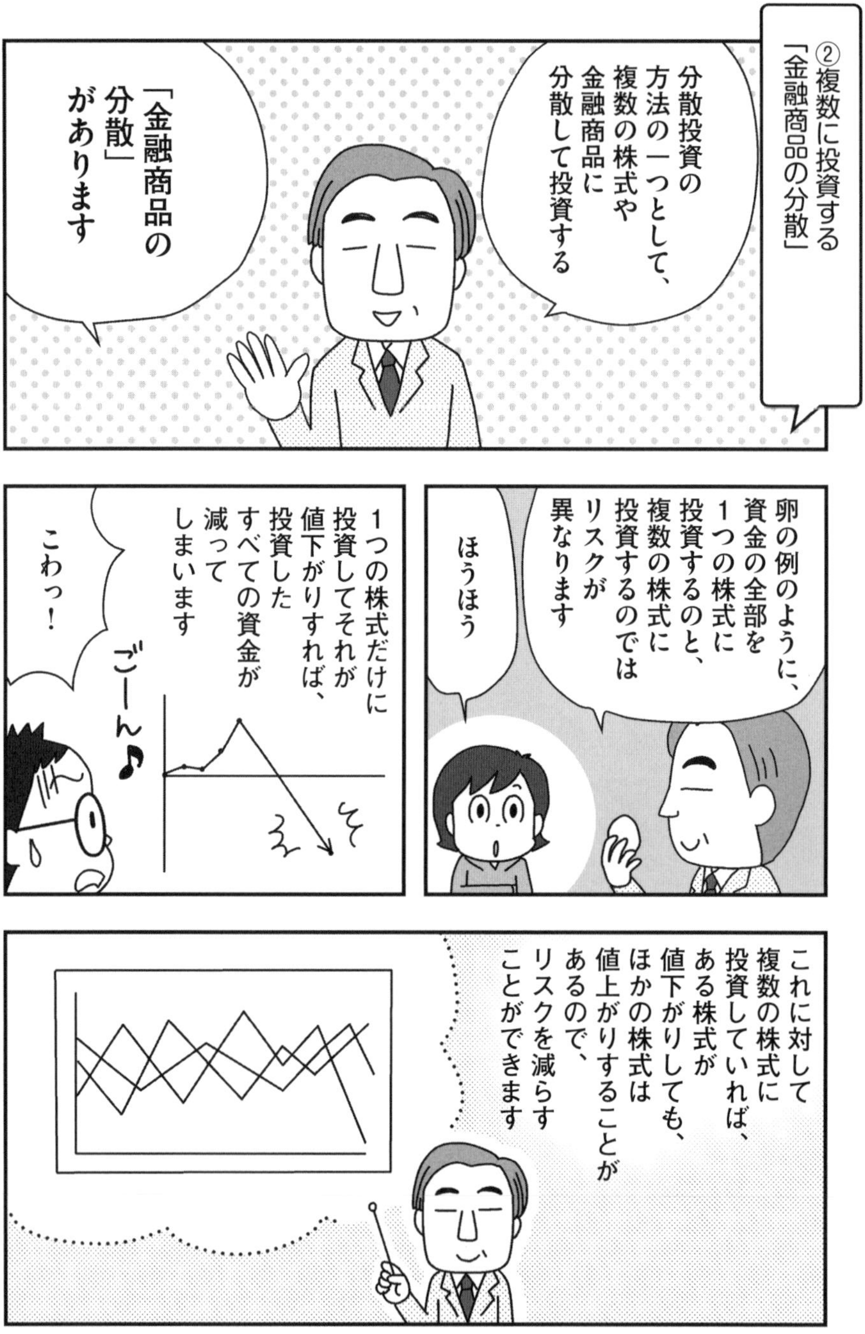
②複数に投資する「金融商品の分散」
分散投資の方法の一つとして、複数の株式や金融商品に分散して投資する
「金融商品の分散」があります
卵の例のように、資金の全部を1つの株式に投資するのと、複数の株式に投資するのではリスクが異なります
ほうほう
1つの株式だけに投資してそれが値下がりすれば、投資したすべての資金が減ってしまいます
ごーん♪
こわっ！
これに対して複数の株式に投資していれば、ある株式が値下がりしても、ほかの株式は値上がりすることがあるので、リスクを減らすことができます

株式に限らず、1つ金融商品に集中して投資するのではなく、預貯金、投資信託などさまざまな金融商品にバランスよく投資することで
資金
A株式
B株式
C株式
投資信託
預貯金
その他金融商品
価格変動によるリスクを減らすことができるのです
なるほど～
1つの馬に突っ込んでがっくりしている人をテレビで見たことがありますあれも分散するべきですね
あれは投資とちがうかな…
全然違います
③投資時期をずらす「時間の分散」
時期をずらして投資する「時間（期間）の分散」もあります
時間の分散？？
夜中にコンビニ行くような？
もっと長い時間です
投資では、安い値段で買って高い値段で売れれば利益を上げられます
うむむ……
株価
ただし、株式や為替相場などの動きを確実に読むことはできませんよね

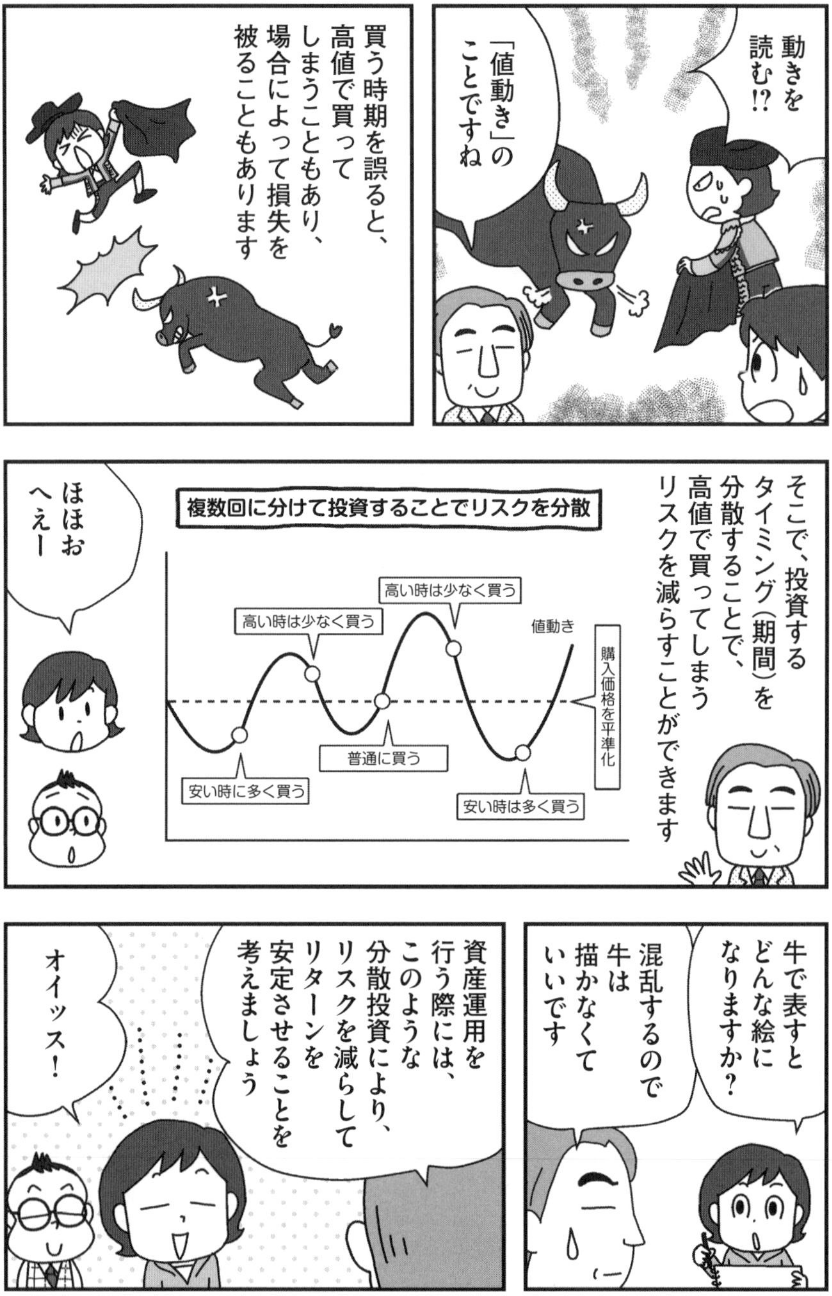
動きを読む!?
「値動き」のことですね
買う時期を誤ると、高値で買ってしまうこともあり、場合によって損失を被ることもあります
そこで、投資するタイミング(期間)を分散することで、高値で買ってしまうリスクを減らすことができます
複数回に分けて投資することでリスクを分散
高い時は少なく買う
高い時は少なく買う
値動き
購入価格を平準化
安い時に多く買う
普通に買う
安い時は多く買う
ほほお
へぇー
牛で表すとどんな絵になりますか?
混乱するので牛は描かなくていいです
資産運用を行う際には、このような分散投資により、リスクを減らしてリターンを安定させることを考えましょう
オイッス!

④資産運用は中長期的な視点で考えていく！
運用は気長に行うことが大切です目先の結果だけに一喜一憂するのではなく、中長期の視点で考えていかなければなりません
つまり、長く運用を続ける長期運用です
20代
70代
BANK
BANK
長い期間運用を行うと複利の効果が大きく働きます
運用から生じた利子や配当を再投資して継続的に運用を行うことで、効果的にお金を増やしていくことができます
再投資
貯蓄も若い時から時間をかけて、っておっしゃっていたのと同じですね
そのとおり

Point!

自営業者の場合は、とくに日常生活と緊急資金はしっかりと確保し、余剰の余裕資金を運用に回していくようにします。また、運用のお金と仕事のお金をしっかり分けて管理していくことが大切です。仕事のお金と資産運用のお金のやりとりが複雑になってしまい、うまく管理ができないといったことがないよう、仕事で使う口座と資産運用で使う口座をしっかり分けておきましょう。

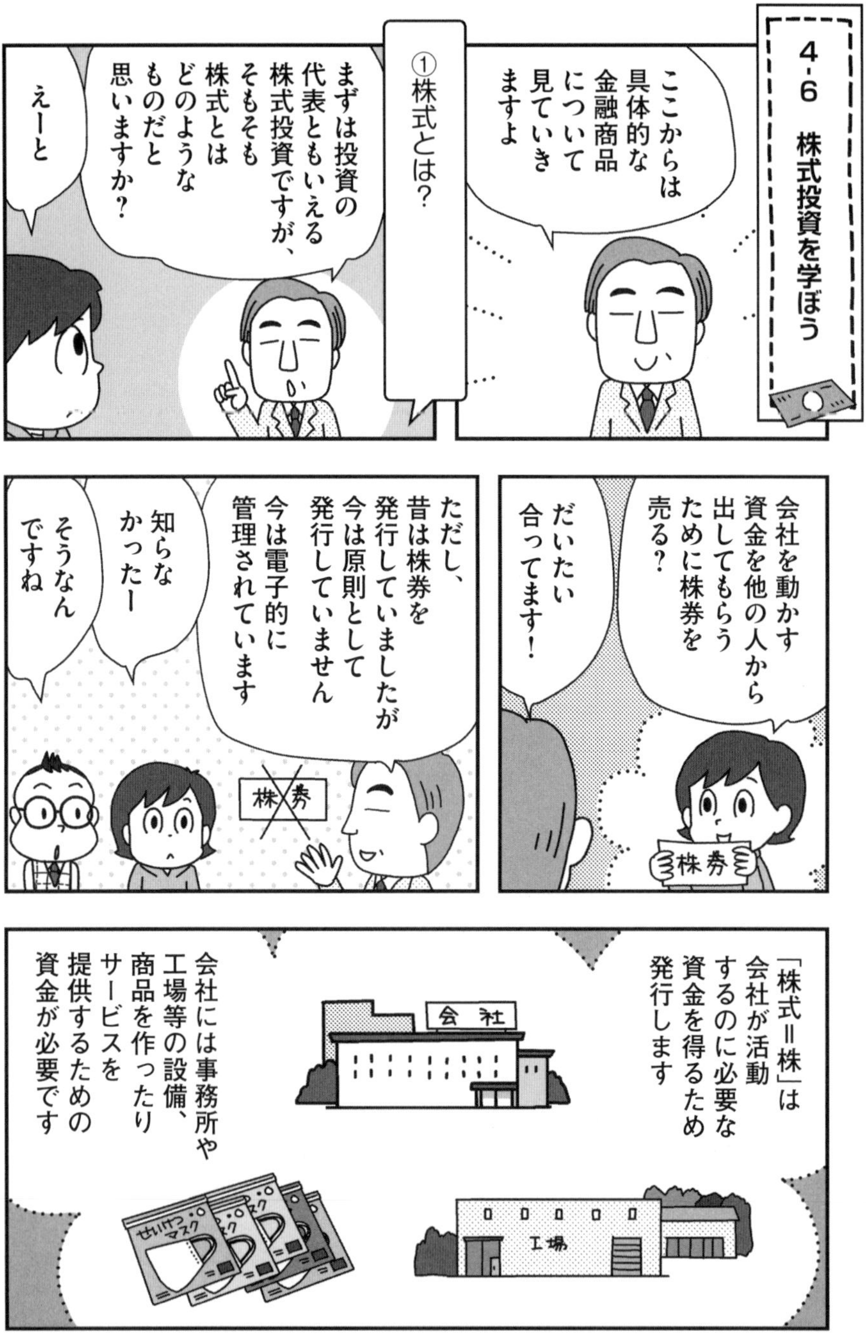
4-6 株式投資を学ぼう
ここからは具体的な金融商品について見ていきますよ
①株式とは?
まずは投資の代表ともいえる株式投資ですが、そもそも株式とはどのようなものだと思いますか?
えーと
会社を動かす資金を他の人から出してもらうために株券を売る?
だいたい合ってます!
株券
ただし、昔は株券を発行していましたが今は原則として発行していません今は電子的に管理されています
株券
知らなかったー
そうなんですね
「株式=株」は会社が活動するのに必要な資金を得るため発行します
会社
会社には事務所や工場等の設備、商品を作ったりサービスを提供するための資金が必要です
工場
せいけつマスク

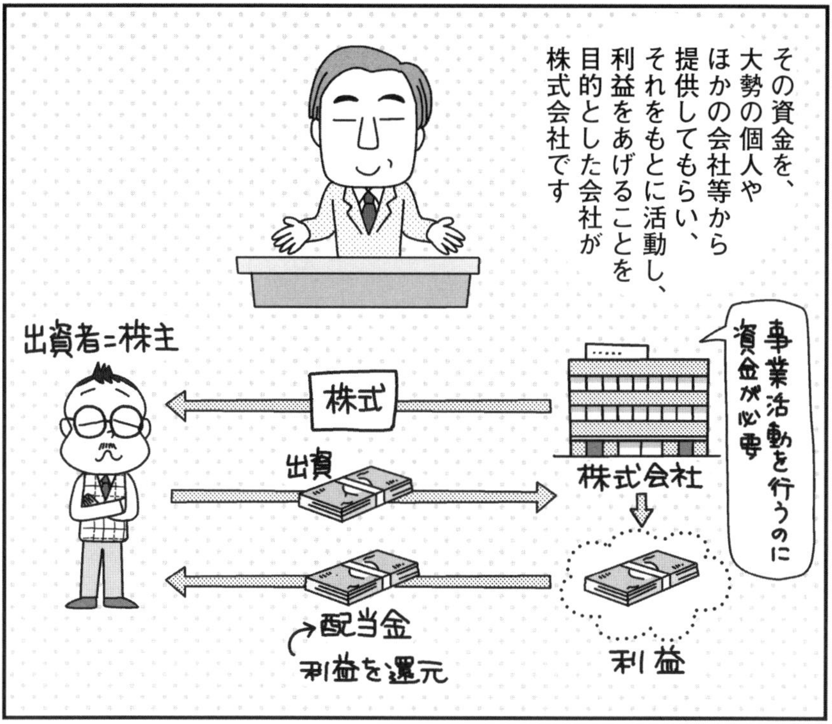
その資金を、
大勢の個人や
ほかの会社等から
提供してもらい、
それをもとに活動し、
利益をあげることを
目的とした会社が
株式会社です
事業活動を行うのに資金が必要
出資者＝株主
株式
出資
株式会社
配当金
利益を還元
利益

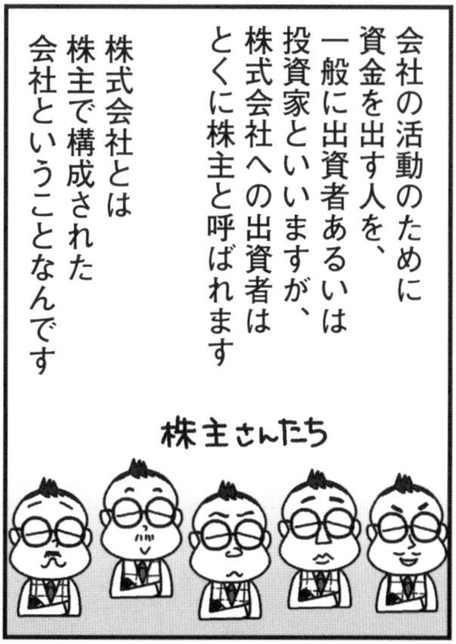
会社の活動のために
資金を出す人を、
一般に出資者あるいは
投資家といいますが、
株式会社への出資者は
とくに株主と呼ばれます
株式会社とは
株主で構成された
会社ということなんです
株主さんたち

また、株主は
株式会社の
出資者なので、
会社が事業活動を
行って利益が出たら、
その利益の還元として
配当金を受け取る
ことができます
ふむふむ
配当金

②株式投資のメリット
株式投資のメリットは主に3つ!
株式投資のメリットその1
値上がり益
最大のメリットは、値上がり益です
預貯金は、安全性が高い反面、収益性には限度がありますが
株式投資には、預貯金にはない大きな収益が期待できます
株式会社
とくに現在のように預貯金の金利が低い状況では、大きな魅力といえるでしょう
スズメの涙…
Bank
どうすれば利益がでるんですか?
単純にいうと、買ったときより株価が高くなったときに株式を売れば利益を得られます
1株1,000円で買った株式が1,100円になれば100円の利益になります
※実際には手数料や税金がかかります
100
株券
えー100円かあ…
実際は1株だけ買うことはできませんけどね
※単位は100株(P139)

株式投資のメリットその2
配当金！
配当金を受け取れるのもメリットです
配当金とは、企業が1年間に稼いだ利益のなかから、株主に対して支払われるお金です
ただし、必ず支払われるわけではないんです
え！ そうなの？
会社が支払うと決めたときにだけ支払われます
ですから、利益があっても支払わない会社や、利益がなくても支払う会社もあります
えー自分勝手な！
株主
NO!
株式会社
えっ!!
なお、株価の値上がりによって得る収益を「キャピタルゲイン」、配当金で得る収益を「インカムゲイン」といいます
gain＝利益・もうけ
株式投資のメリットその3
株主優待！
株主優待が受けられることもあります
株主優待とは、会社が株主に対して自社製品や優待券、サービス券等を無料で進呈することです
これ知ってます！
優待券を使いまくるおじさんをテレビで見ました
ビューン

デパートやファミリーレストラン、ファーストフード店なら割引券、
食品会社なら自社製品、鉄道会社は回数券や全線パス、
映画・劇場会社なら招待券や優待券といった具合です
割引券
レトルトカレー
チケット
株式優待されてみたいなあー
それにはまず株を買ってください
③株式投資のリスク・デメリット
株式投資のメリットを見ましたが、一方で株式投資には株価が値下がりするというリスクもあります
値下り
会社で不祥事が起きたりすると下がりますよね
業績が悪くても当然下がりますね
たとえば、銀行や郵便局の預貯金の利息は、預けたときに1年後にいくらもらえるか予測できます
その額はほぼ確定しているので、リスクはきわめて低いといえます
それに対して、株式の値段である株価は、1年後どうなっているかはまったく予測できません
ですからリスクが高いということになります
???

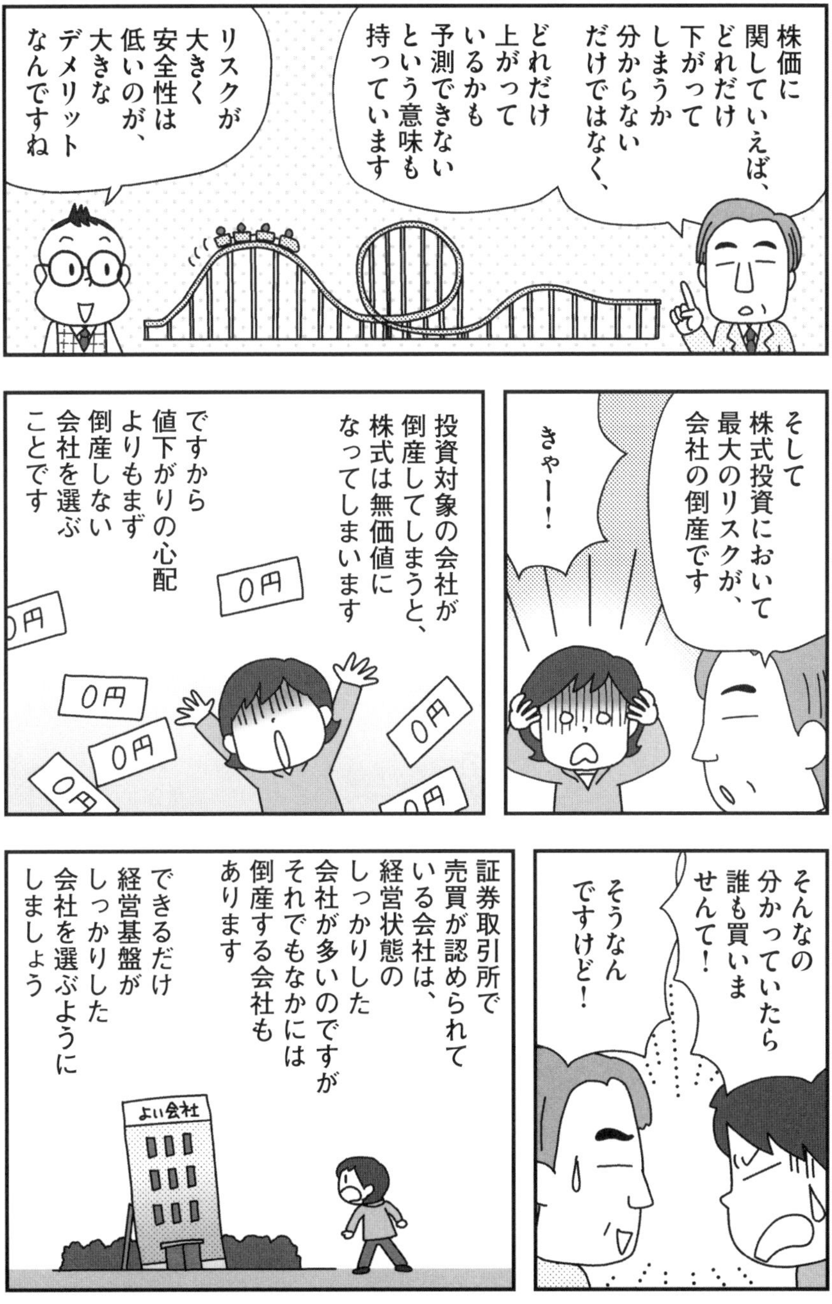
株価に関していえば、どれだけ下がってしまうか分からないだけではなく、どれだけ上がっているかも予測できないという意味も持っています
リスクが大きく安全性は低いのが、大きなデメリットなんですね
そして株式投資において最大のリスクが、会社の倒産です
きゃー！
投資対象の会社が倒産してしまうと、株式は無価値になってしまいます
ですから値下がりの心配よりもまず倒産しない会社を選ぶことです
0円
そんなの分かっていたら誰も買いませんて！
そうなんですけど！
証券取引所で売買が認められている会社は、経営状態のしっかりした会社が多いのですがそれでもなかには倒産する会社もあります
できるだけ経営基盤がしっかりした会社を選ぶようにしましょう
よい会社

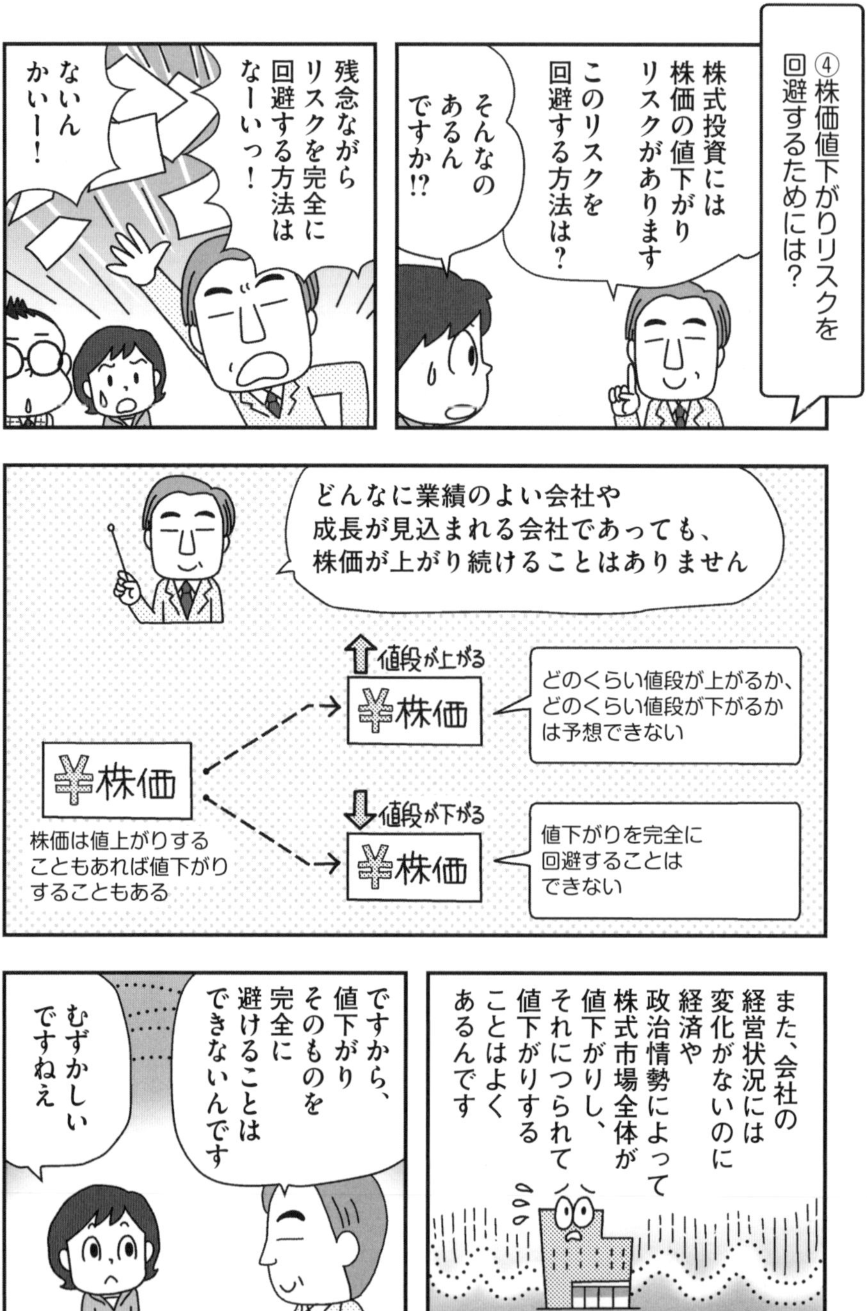
④株価値下がりリスクを回避するためには?
株式投資には株価の値下がりリスクがあります
このリスクを回避する方法は?
そんなのあるんですか!?
残念ながらリスクを完全に回避する方法はなーいっ!
ないんかいーー!
どんなに業績のよい会社や成長が見込まれる会社であっても、株価が上がり続けることはありません
¥株価
株価は値上がりすることもあれば値下がりすることもある
値段が上がる
¥株価
どのくらい値段が上がるか、どのくらい値段が下がるかは予想できない
値段が下がる
¥株価
値下がりを完全に回避することはできない
また、会社の経営状況には変化がないのに経済や政治情勢によって株式市場全体が値下がりし、それにつられて値下がりすることはよくあるんです
ですから、値下がりそのものを完全に避けることはできないんです
むずかしいですねえ

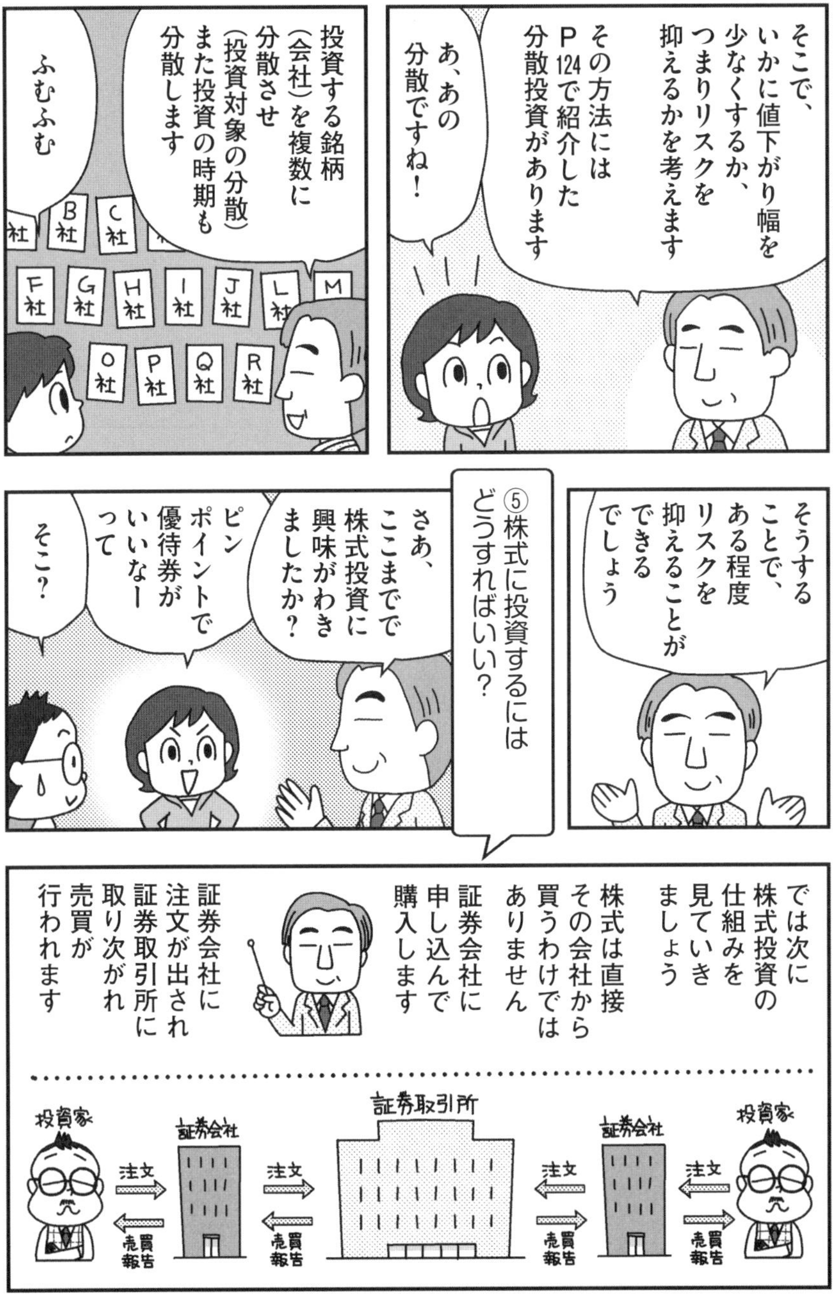
そこで、いかに値下がり幅を少なくするか、つまりリスクを抑えるかを考えます
その方法にはP124で紹介した分散投資があります
あ、あの分散ですね！
投資する銘柄（会社）を複数に分散させ（投資対象の分散）また投資の時期も分散します
ふむふむ
B社
C社
F社
G社
H社
I社
J社
L社
M
O社
P社
Q社
R社
そうすることで、ある程度リスクを抑えることができるでしょう
⑤株式に投資するにはどうすればいい？
さあ、ここまでで株式投資に興味がわきましたか？
ピンポイントで優待券がいいなーって
そこ？
では次に株式投資の仕組みを見ていきましょう
株式は直接その会社から買うわけではありません
証券会社に申し込んで購入します
証券会社に注文が出され証券取引所に取り次がれ売買が行われます
投資家
証券会社
注文
売買報告
証券取引所
注文
売買報告
証券会社
注文
売買報告
投資家
注文
売買報告

株式を売ってくれるのは、株式会社や証券会社ではなく、株式を売りたいと考えているその会社の株主です
へぇー知らなかった！
○○会社の株式が欲しいなあ
○○会社の株式を売りたいなあ
このような場合に…
投資家
株主
双方のニーズを、証券会社や証券取引所が結びつけるというしくみなのです
株式の売買の流れ
実際の株式の売買は、通常、次のような流れで行います
売買注文を受ける窓口の証券会社に口座を開設
必要な資金を当該口座に入金
注文を出します
注文は次のような内容を指示します
・銘柄名
・株数
・値段（指値注文または成行注文※）
・売り／買いの別
・注文の有効期限
※指値注文とは、売買の希望値段を指定する注文の方法
成行注文とは売買の希望値段を指定しない注文の方法です
株式の売買が成立（約定という）すると、その日を含めて3営業日目（証券会社の休業日は除く）に精算（受渡し）が行われます
売買成立

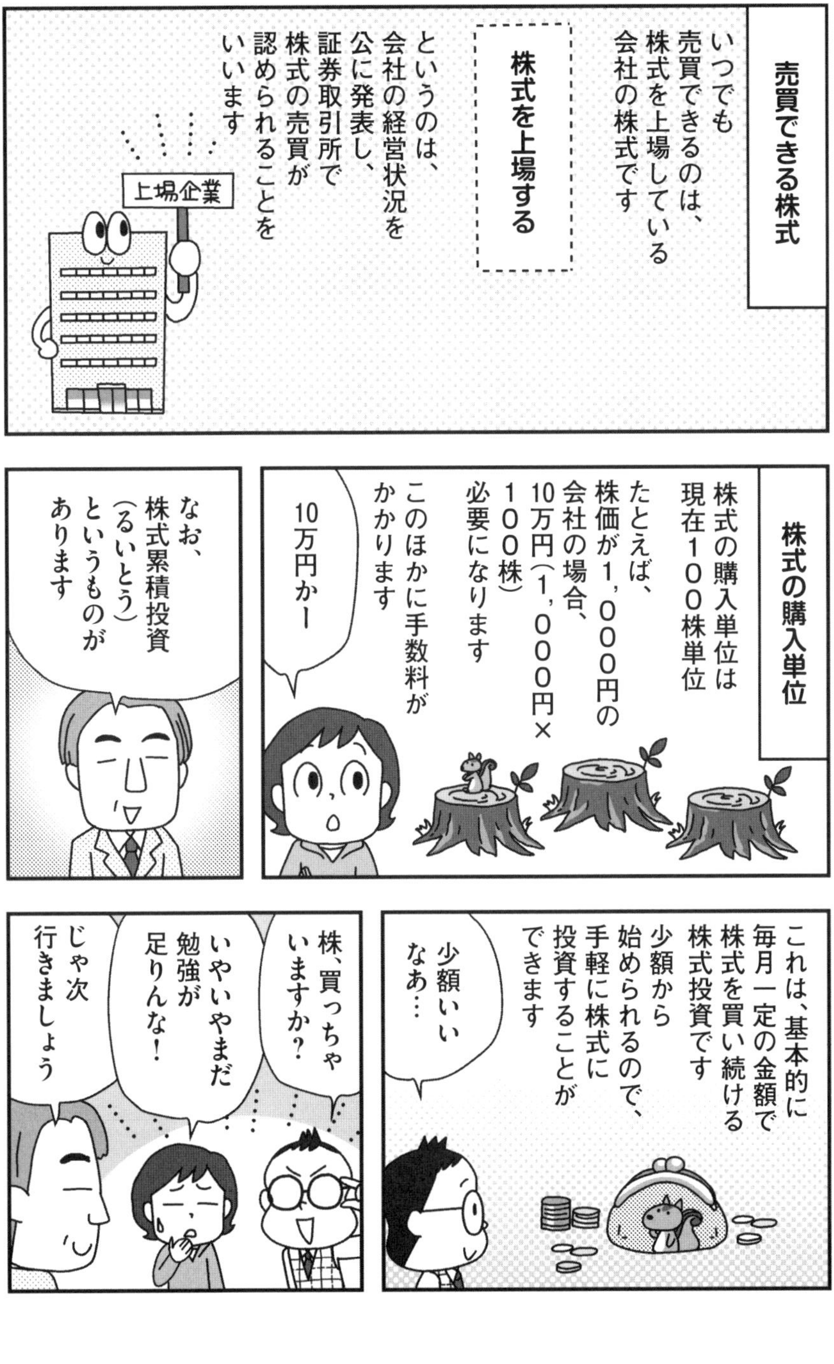
売買できる株式
いつでも
売買できるのは、
株式を上場している
会社の株式です
株式を上場する
というのは、
会社の経営状況を
公に発表し、
証券取引所で
株式の売買が
認められることを
いいます
上場企業
株式の購入単位
株式の購入単位は
現在100株単位
たとえば、
株価が1，000円の
会社の場合、
10万円（1，000円×
100株）
必要になります
このほかに手数料が
かかります
10万円かー
なお、
株式累積投資
（るいとう）
というものが
あります
これは、基本的に
毎月一定の金額で
株式を買い続ける
株式投資です
少額から
始められるので、
手軽に株式に
投資することが
できます
少額いい
なあ…
株、買っちゃ
いますか？
いやいやまだ
勉強が
足りんな！
じゃ次
行きましょう

4-7 投資信託を学ぼう

投資の
初心者に最適と
いわれるのが
投資信託
（投信・ファンド）
です
へぇ

「信託」って
不動産関係
のことかと
思ってました
託して
安心！
……
そういうCM
ありましたね

① 投資信託のしくみ
「信託」とは
自分の財産を
信頼できる人に託し、
自分が決めた
目的に沿って
自分や他人のために
運用・管理を
してもらう制度です
さまざまなところで
利用されています

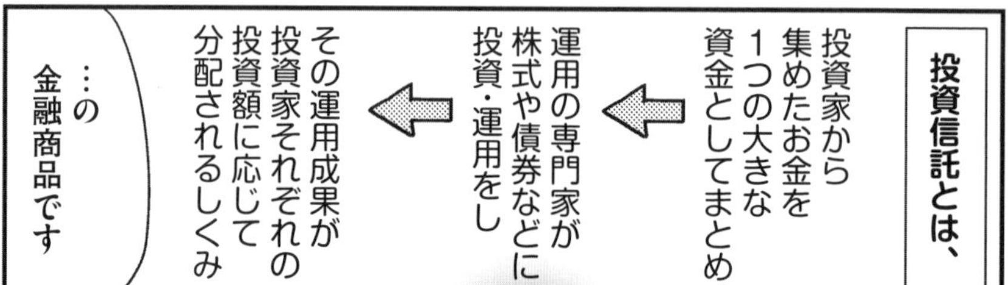
投資信託とは、
投資家から
集めたお金を
1つの大きな
資金としてまとめ、
運用の専門家が
株式や債券などに
投資・運用をし
その運用成果が
投資家それぞれの
投資額に応じて
分配されるしくみ
…の
金融商品です
株式
債券

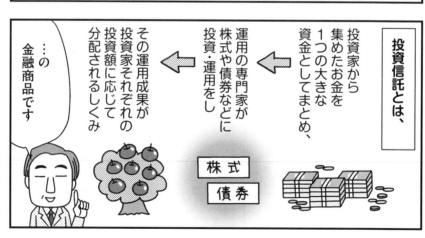

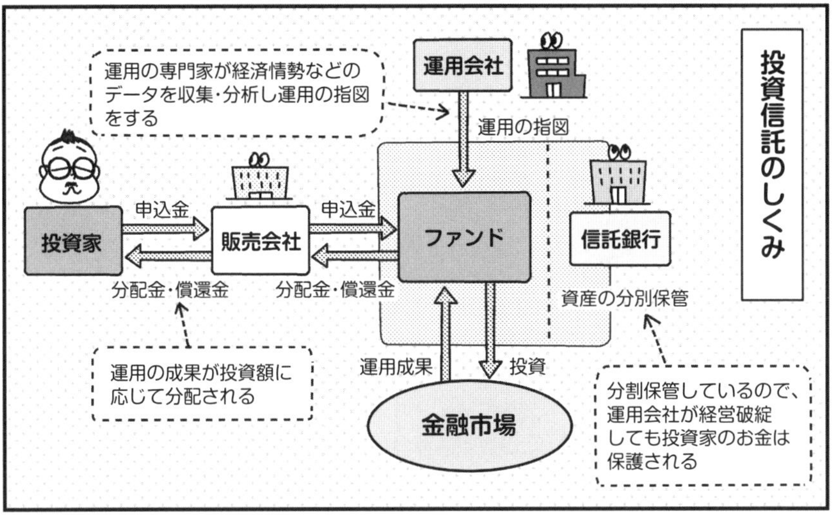
投資信託のしくみ
運用会社
運用の専門家が経済情勢などのデータを収集・分析し運用の指図をする
運用の指図
投資家
申込金
販売会社
申込金
ファンド
信託銀行
分配金・償還金
分配金・償還金
資産の分別保管
運用の成果が投資額に応じて分配される
運用成果
投資
金融市場
分割保管しているので、運用会社が経営破綻しても投資家のお金は保護される

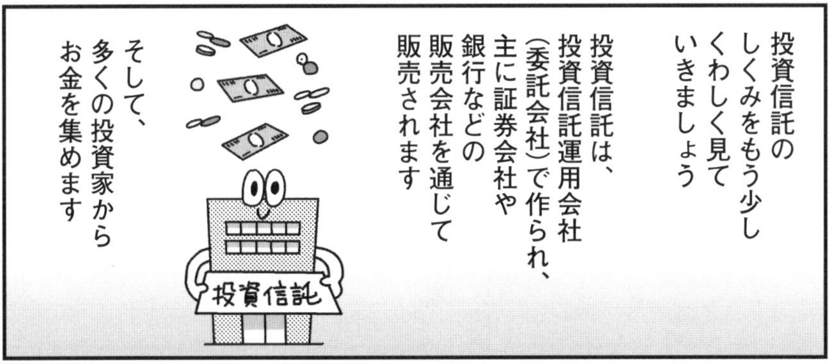
投資信託のしくみをもう少しくわしく見ていきましょう
投資信託は、投資信託運用会社（委託会社）で作られ、主に証券会社や銀行などの販売会社を通じて販売されます
そして、多くの投資家からお金を集めます
投資信託

②投資信託は専門機関が役割を果たすことで成り立つ

投資家から集めたお金は1つにまとめられ、資産管理を専門とする信託銀行（受託会社）が保管をします
信託銀行は、運用資金を特別勘定で管理します
信託銀行

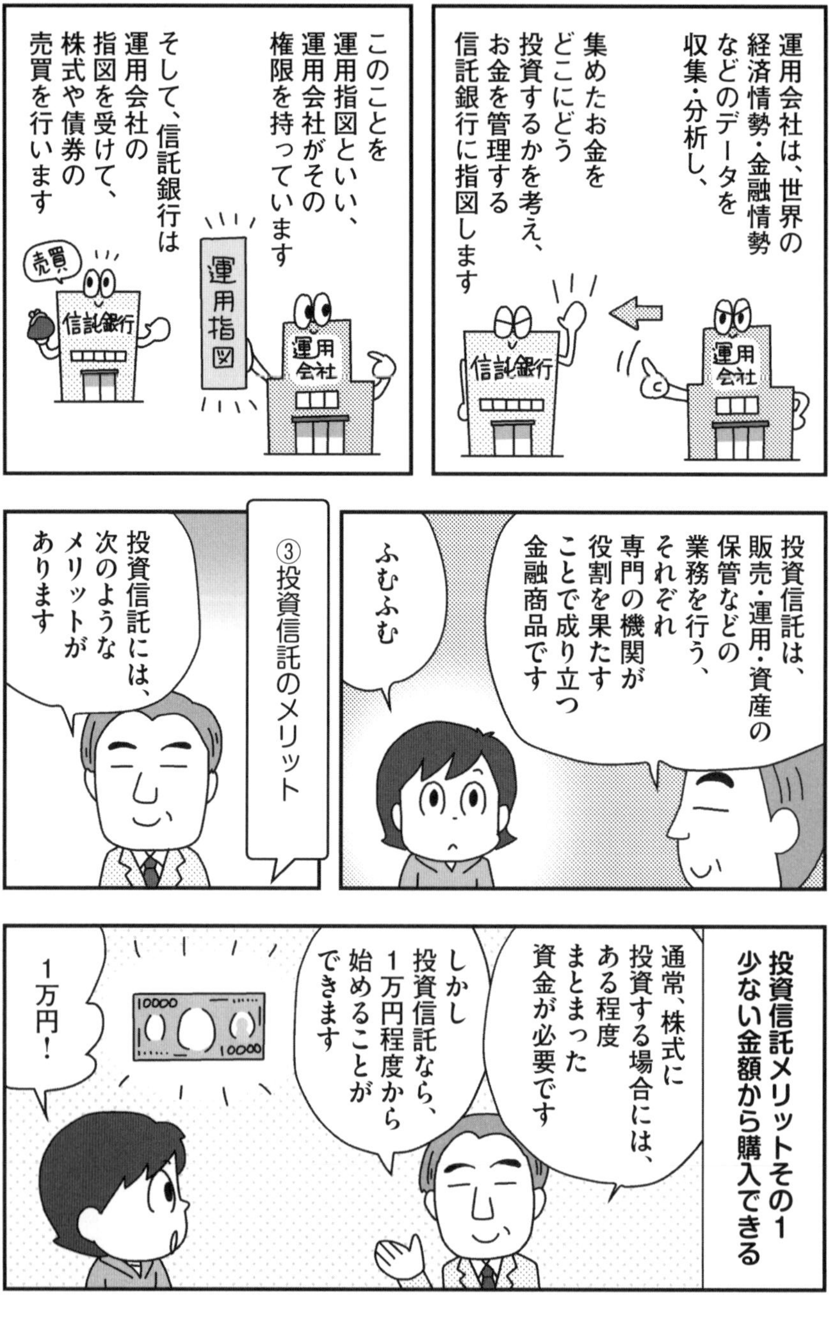
運用会社は、世界の経済情勢・金融情勢などのデータを収集・分析し、
集めたお金をどこにどう投資するかを考え、お金を管理する信託銀行に指図します
運用会社
信託銀行
このことを運用指図といい、運用会社がその権限を持っています
運用指図
運用会社
そして、信託銀行は運用会社の指図を受けて、株式や債券の売買を行います
売買
信託銀行
投資信託は、販売・運用・資産の保管などの業務を行う、それぞれ専門の機関が役割を果たすことで成り立つ金融商品です
ふむふむ
③投資信託のメリット
投資信託には、次のようなメリットがあります
投資信託メリットその1 少ない金額から購入できる
通常、株式に投資する場合には、ある程度まとまった資金が必要です
しかし投資信託なら、1万円程度から始めることができます
10000
10000
1万円！

投資信託メリットその2
分散投資できる
P124で見たように投資の基本は、資産をいくつかの商品に分けてリスクを分散させる分散投資です
でも、個人の投資家が、自分だけで分散投資しようとすると、多くの資金が必要になりますね
そうですねー
こりゃたいへん
しかし、投資信託は小口のお金を集めて1つの大きな資金として運用するので、リスクを軽減できます
これはいいですね！
大口
投資信託メリットその3
専門家による運用
株式投資をする場合には、専門知識や手法を身につけたいですよね
でも、それはなかなか…
でも大丈夫！投資信託は、経済・金融などに関する知識を身につけた専門家が投資家に代わって運用します
さらに、個人では買えない、または買いにくい海外の株式や債券、特殊な金融商品への投資も可能です
専門家
へえ代わりにやってくれるなら大丈夫ですね
そうなんです

④投資信託のリスク・デメリット
投資信託にはリスク・デメリットもあります
ほら出たリスクー
リスク・デメリットその1
元本保証がないよ！
投資信託は値動きのある株式や債券に投資をするので価格は株式市場の動向などにより変動します
ですから元本保証がありません
ここ大事
なお、投資信託の値段のことを基準価額といいます
基準価額は、投資信託の１口※あたりの値段のこと。投資家が投資信託を購入・換金する際は、基準価額で取引が行われます
※口とは取引の単位。１口１円で運用が開始された投資信託は、１万口あたりの基準価額が公表されています
リスク・デメリットその2
コストがかかる！
お金ください！
ハッハッハ
投資信託は、運用の専門家に任せて投資を行うので、その費用を払う必要があります

投資信託の主なコストには次のようなものがあります
投資信託の種類によってコストは異なります

購入時	購入時手数料（販売手数料）	購入時に販売会社に支払う費用。申込価額の数%をその費用として支払う。投資信託や販売会社によってはこの費用がない場合もある（ノーロードという）
保有中	運用管理費用（信託報酬）	投資信託を保有している間、投資信託の保有額に応じて日々支払う、投資信託の運用にかかる費用。投資信託の信託財産から間接的に支払われる
解約時	信託財産留保額	投資信託を解約（または購入）する際、手数料とは別に徴収される費用。販売会社が受け取るのではなく信託財産に留保される。投資信託によって差し引かれるものと差し引かれないものがある

⑤投資信託の種類
投資信託には、さまざまな種類のものがあり
いろいろな側面からの分類のしかたがあります
ここでは、投資信託の制度的な側面から、いくつかの分類を見ていきましょう
いろんな種類があるってことだね

投資信託の分類①
形態による分類
○契約型…運用会社と信託銀行が信託契約を結ぶことにより組成される投資信託
○会社型…投資を目的とする法人を設立することによって組成される投資信託（投資法人）
※日本では、契約型が主流
会社型はJ-REIT（不動産投資法人）などを中心に用いられています

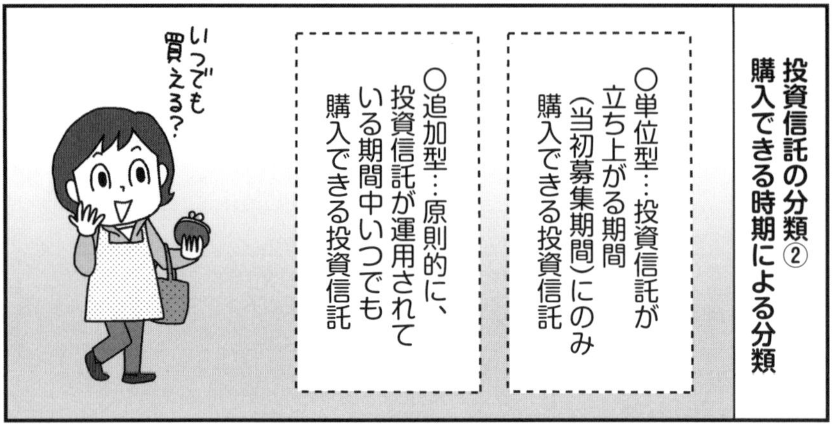
投資信託の分類②
購入できる時期による分類
○単位型…投資信託が立ち上がる期間（当初募集期間）にのみ購入できる投資信託
○追加型…原則的に、投資信託が運用されている期間中いつでも購入できる投資信託
いつでも買える？

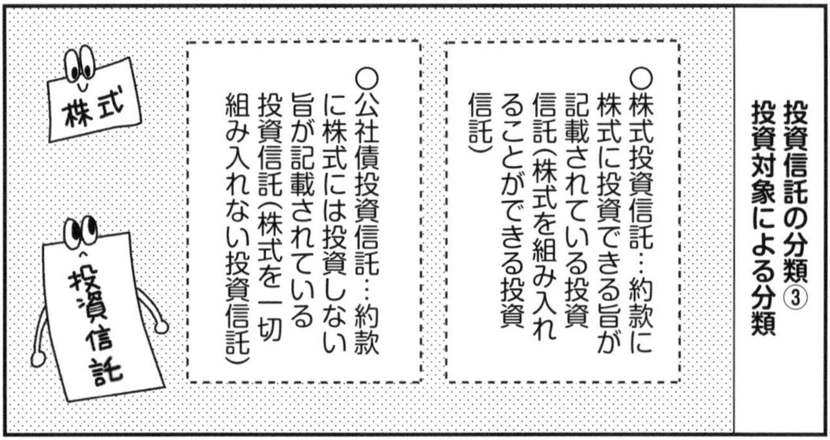
投資信託の分類③
投資対象による分類
○株式投資信託…約款に株式に投資できる旨が記載されている投資信託（株式を組み入れることができる投資信託）
○公社債投資信託…約款に株式には投資しない旨が記載されている投資信託（株式を一切組み入れない投資信託）
株式
投資信託

投資対象による分類は「投資対象に株式を組み入れられるかどうか」による分類ですが
投資信託は商品によって投資する対象がさまざまなのでリスクやリターンの大きさもさまざまなんです

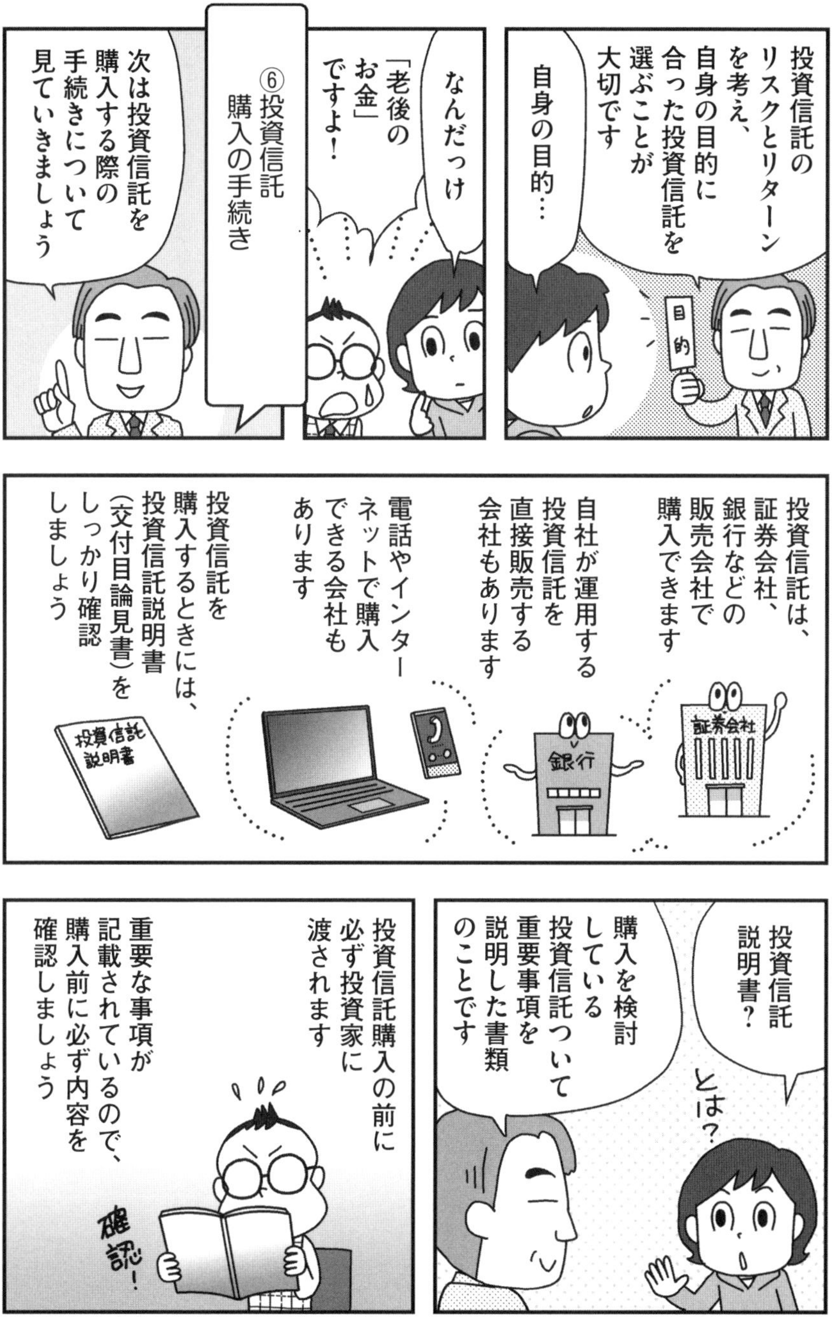
投資信託のリスクとリターンを考え、自身の目的に合った投資信託を選ぶことが大切です
目的
自身の目的…
なんだっけ
「老後のお金」ですよ！
⑥投資信託　購入の手続き
次は投資信託を購入する際の手続きについて見ていきましょう
投資信託は、証券会社、銀行などの販売会社で購入できます
自社が運用する投資信託を直接販売する会社もあります
証券会社
銀行
電話やインターネットで購入できる会社もあります
投資信託を購入するときには、投資信託説明書（交付目論見書）をしっかり確認しましょう
投資信託説明書
投資信託説明書？
とは？
購入を検討している投資信託ついて重要事項を説明した書類のことです
投資信託購入の前に必ず投資家に渡されます
重要な事項が記載されているので、購入前に必ず内容を確認しましょう
確認！

初めて投資信託を購入する場合は、その投資信託を販売する販売会社に口座を開設します
口座開設!
販売会社
購入の際は、申し込みを行い購入代金を支払います
支払い
そして取引が成立すると取引報告書などが送付されてきます
報告書
ここまでわかりました
オッケイ!
⑦投資信託の換金方法
投資信託は、原則としていつでも換金の申し込みができます
いつでも換金できるんだ
換金
ただし、実際にお金が振り込まれるまでに数日かかることがあるので、注意が必要です
また、投資信託によっては、一定期間解約ができないクローズド期間を設けているものもあります事前に確認してくださいね
投資信託説明書をよく読みましょう

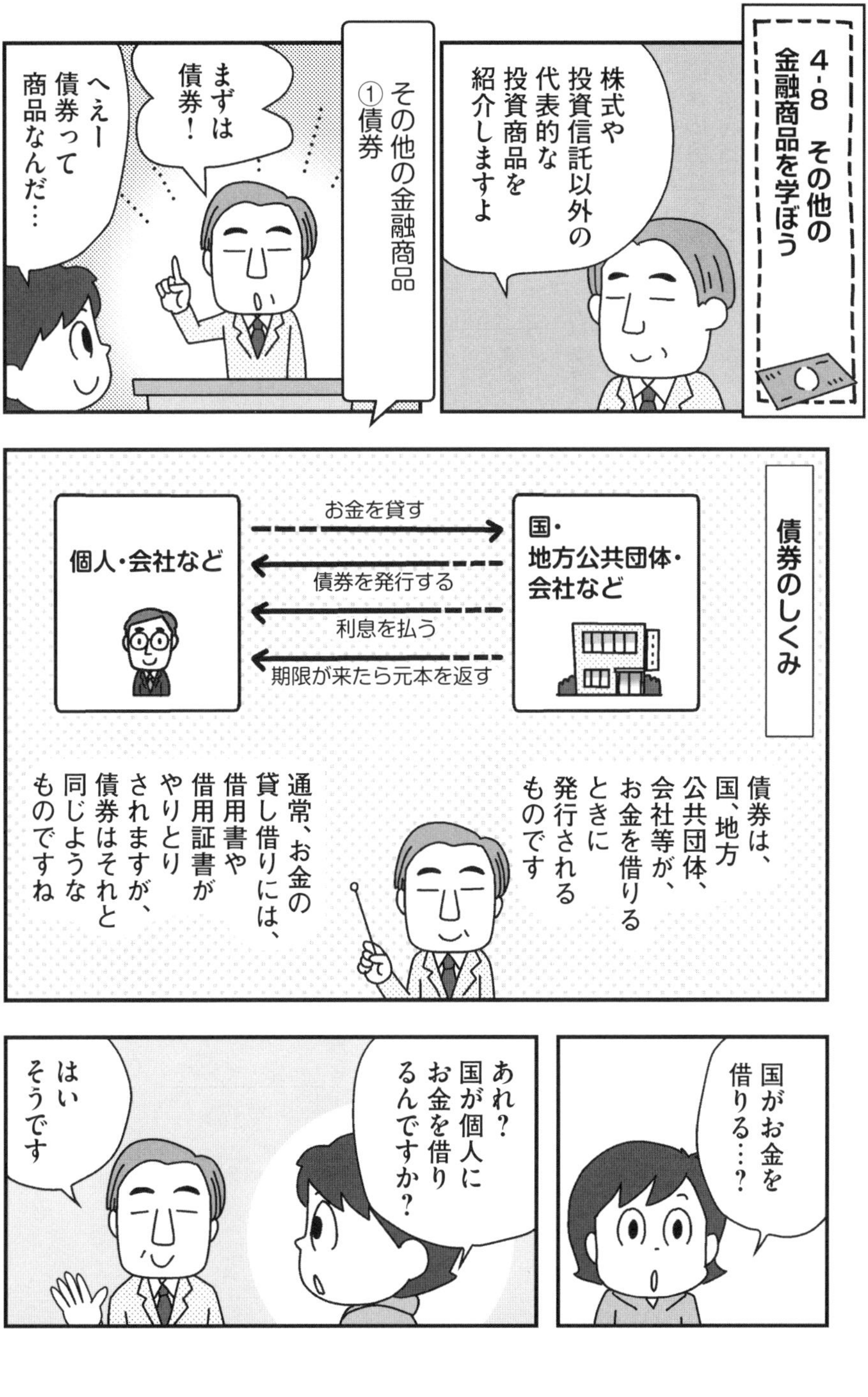
4-8　その他の金融商品を学ぼう
株式や投資信託以外の代表的な投資商品を紹介しますよ
その他の金融商品 ①債券
まずは債券！
へぇー債券って商品なんだ…
債券のしくみ
個人・会社など
国・地方公共団体・会社など
お金を貸す
債券を発行する
利息を払う
期限が来たら元本を返す
債券は、国、地方公共団体、会社等が、お金を借りるときに発行されるものです
通常、お金の貸し借りには、借用書や借用証書がやりとりされますが、債券はそれと同じようなものですね
国がお金を借りる…？
あれ？国が個人にお金を借りるんですか？
はいそうです

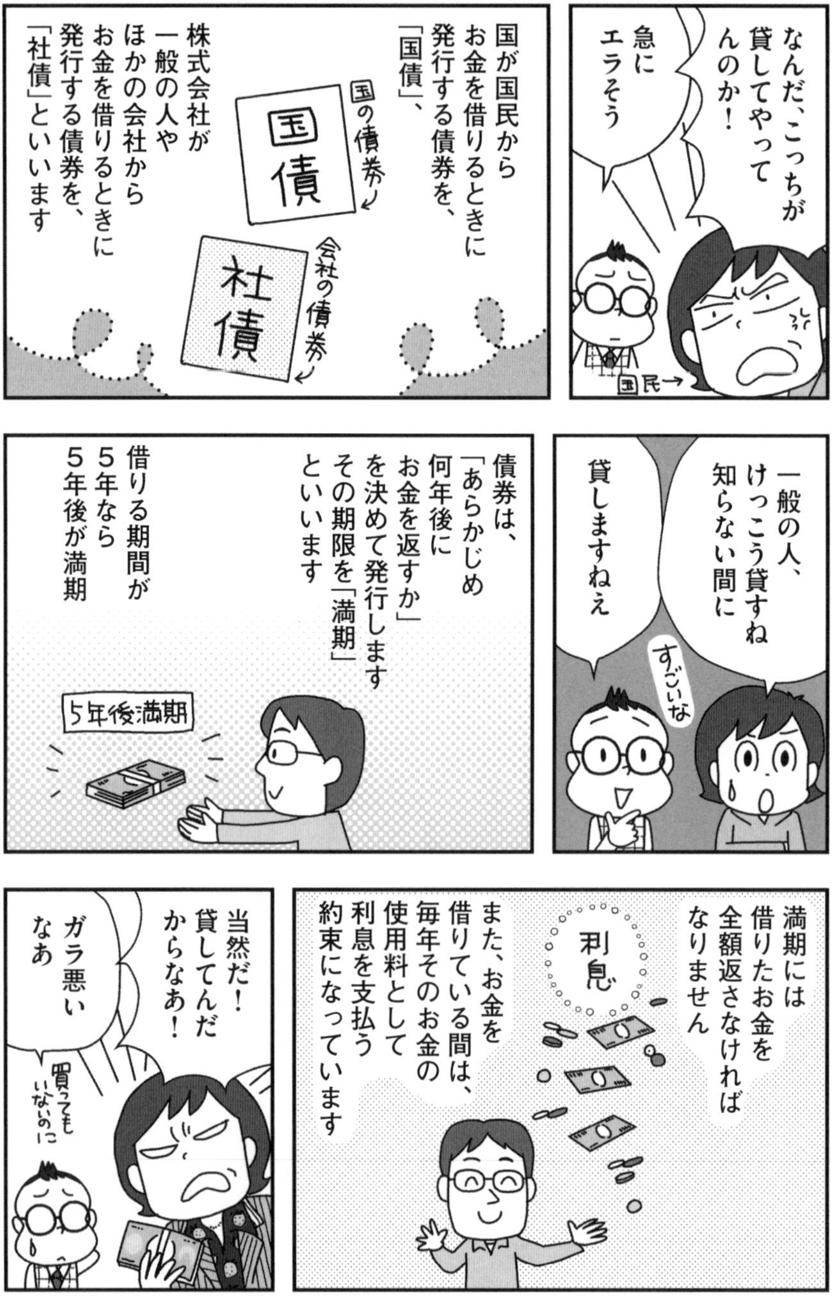

なんだ、こっちが貸してやってんのか!
急にエラそう
国民→
国が国民からお金を借りるときに発行する債券を、「国債」、
国債
国の債券
社債
会社の債券
株式会社が一般の人やほかの会社からお金を借りるときに発行する債券を、「社債」といいます
一般の人、けっこう貸すね知らない間に
貸しますねぇ
すごいな
債券は、「あらかじめ何年後にお金を返すか」を決めて発行します
その期限を「満期」といいます
借りる期間が5年なら5年後が満期
5年後満期
満期には借りたお金を全額返さなければなりません
利息
また、お金を借りている間は、毎年そのお金の使用料として利息を支払う約束になっています
当然だ!貸してんだからなあ!
ガラ悪いなあ
買ってもいないのに

預貯金との比較
では続いて債券を預貯金と比較してみましょう
債券
通帳
預金と債券の似ている点は
○債券は
定額預金(貯金)のように、
期限(満期)が来ると
お金が全額返ってくる
○満期になるまでの間、
利息が受け取れる
これは貯金と同じ!
預金と債券の異なる点は
債券は
○期限が来る前に
売買できる
○債券の価格は
毎日変化する
(途中で換金する
場合には
購入価格より
高かったり
安かったりする)
社債の場合は
○社債を
発行した会社が
社債の満期の前に
倒産すると、
貸したお金が
返ってこない
可能性がある
債券
＝¥?
○○会社
倒産
でも、預金にはこのようなことはありません
BANK
ひええー貸した金、ぜんぜん返してもらえない?
そういう可能性もあります

債券はさまざまな種類のものが発行されていますが、
価格変動リスクや信用（デフォルト）リスクなど、債券によってリスクもさまざまです
一般の個人が気軽に購入できるものは、それほど多くはないといえるでしょう
手を出しません～
コワー

その他の金融商品
②個人向け国債
国債にも一般の個人向けの商品があります「個人向け国債」です

商品名	変動金利型 10年満期 変動10	固定金利型 5年満期 固定5	固定金利型 3年満期 固定3
満期	10年	5年	3年
金利タイプ	変動金利	固定金利	固定金利
利子の受け取り	半年毎に年2回		
購入単位（販売価格）	最低1万円から1万円単位（額面金額100円につき100円）		
償還金額	額面金額100円につき100円（中途換金時も同じ）		

個人向け国債は、国が個人向けに発行する債券です
日本
国債
銀行や証券会社で購入します
満期が10年の「変動10」、5年の「固定5」、3年の「固定3」があります。

でもなんか怖いことになるんじゃないですかー？
倒産したり！
基本的に元本割れのリスクはありません
※1年以内は中途換金不可
おお？これなら怖くないかも？
個人向けは購入しやすくなってますね
その他の金融商品 ③ETF（上場投資信託）
ETF（上場投資信託）は株式と同じように時価で売買できる投資信託です
時価？
ETFは、日経平均株価や東証株価指数（TOPIX）といった株式指数などに値動きが連動するように運用される投資信託の一種です
証券取引所に上場されていて、株式と同様に時価で売買することができます
先生「時価で売買」というのはなんですか？
マグロ　時価

購入先	証券会社
投資金額	１万円程度から10万円程度など銘柄によって異なる
リスク	株式同様、値下がりリスクがある

「時価で売買」とはその時の値段で売ったり買ったりするという意味です
その時の価格で売買するから「時価」ですね
寿司屋と同じか

その他の金融商品
④外貨預金
外貨預金は、米ドルやユーロなど外貨建てで行う預金です
¥
€
$
日本円との金利差によっては、円建て預金よりも高い金利がつくこともあります

購入先	銀行など
投資金額	1,000円相当額からなど金融機関によって異なる
リスク	為替の動向によっては為替差損が生じることがある。預金保険制度の対象外なので、預け入れた金融機関が破綻した場合にはお金が戻らない可能性もある。

外貨ベースでは元本保証ですが、為替変動の影響を受けます
また、預入時・引出時に為替手数料がかかります
外貨預金のほかにも、外貨建て商品として外国投資信託、外国債券、外国株式などがあります
外国投資信託
外国債券
外国株式

外貨預金、やったことある！
へぇ、そうなんですか！

Point!

個人事業主といっても、職種によっての収入の安定性はいろいろですが、なかにはあまり安定していない人もいるものです。そういった人は、安全性の高い金融商品での運用がオススメです。安定していない仕事で、リスクの高い投資をしてしまった場合、両方でうまくいかなくなったときに取り返しのつかない結果になってしまう恐れがあります。
多額の資金を確保していて、そのうちの一部を資産運用に回すということであればよいのですが、個人事業主のなかにはあまり貯蓄ができいない人も多く、運用に回せるお金がそれほどない人もいるでしょう。
そういった人に検討して欲しいのが、少額から始められる運用です。
金融商品のなかには投資信託のように数万円程度からでも始められるものがあります。ムリなく始められるものから検討していくとよいでしょう。

4-9 つみたてNISAを活用しよう

この章の最後に老後資金づくりに最適な制度のつみたてNISAについて見ていきましょう
老後資金に最適!?
先生がわざわざ強調するには理由があるんですよね?
ありますよー!
投資初心者の方を含め幅広い人たちが利用しやすいしくみなんです
へぇへぇー
①つみたてNISAは少額からの非課税制度
つみたてNISAの対象商品は、長期・積立・分散投資に適した株式投資信託と上場株式投資信託(ETF)に限定!されています
ココ!おススメポイント
おお!前のページでいいなと思った株式投資信託と上場株式投資信託(ETF)!
シロウトでもいけそうなヤツですね?
だからおススメなんです

そして、つみたてNISAは非課税で投資ができる！
非課税
1年間の非課税投資枠は上限40万円
非課税期間は20年間！
（一般NISAは上限が120万円 期間は5年間）
普通の投資だと…？
儲かった分（運用益）に対して税金がかかります
そして「つみたてNISA」は少額からできる！
ええっ！ワイにもできる？
少額
積立額は金融機関や証券会社によって違いますが
毎月千円、1万円、ネット銀行などでは100円からというところも！
毎月
100
100円つみたて！
敷居が低い！
これならできそう
②つみたてNISAで始める老後資金づくり
つみたてNISAの投資方法は積立のみ、一括しての投資はできません
コツコツつみたて！
「つみたて」というように、あくまで長期にわたる積立が前提です

少額から始められ、リスクを抑えながら
コツコツと長期的に老後資金づくりをしたい！
エライねぇ～！
という人には、このつみたてNISAがオススメです

つみたてNISAでは、毎年40万円を上限として「各年に購入した投資信託を保有している間に得た分配金」と、「値上がりした後に売却して得た利益（譲渡益）」には、購入した年から数えて20年間、課税されません
非課税で保有できる投資総額は最大８００万円です

つみたてNISA

非課税期間は最長20年

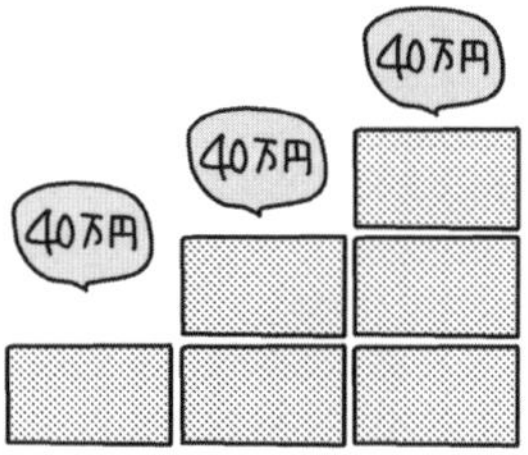
40万円
40万円
40万円

小額からコツコツと積み立てていく

**つみたてNISA
（非課税累積投資契約に係る少額投資非課税制度）の概要**

利用できる人	日本に住む20歳以上の人（口座を開設する年の１月１日現在）
非課税対象	一定の投資信託への投資から得られる分配金や譲渡益
口座開設可能数	１人１口座
非課税投資枠	新規投資額で毎年40万円が上限
非課税期間	最長20年
資産の引出し	いつでもOK
投資可能期間	2018年～2037年
投資対象商品	長期の積立・分散投資に適した一定の投資信託

※税制改正により、期間が2042年まで５年間延長されています

たとえば、投資信託で運用をして1万円の収益が出たとします
でも税率約20％＝約２千円が税金で引かれて
ちぇっ
手元に残るのは8,000円ほど…
でも、つみたてNISAなら税金がかからないので収益の１万円すべてが手元に残ります
つみたてNISAを作った人エライな！
これはもうつみたてNISAで決まりなのよ！
つみたてNISAですよね！
③つみたてNISAのメリットとデメリット
つみたてNISAの大きなメリットは
「非課税で投資ができるしかも20年間！」ということ
また、対象商品は厳選された投資信託等に絞られているため、
・商品が選びやすく、
・投資を始める際のハードルが低い
これもつみたてNISAのメリット！
低いハードルが安心なのよー
ほめまくりだなあ

一方で、つみたてNISAにも、デメリットや注意点があります
ええー やっぱり!?
NISA口座の開設は1人1口座(1人1金融機関)に限られています
(NISA口座内で、つみたてNISAまたは一般NISAのどちらか1つを選択する必要があります)
あら1つで十分ですよう
年間の非課税投資枠の未使用分は、翌年以降に繰り越せません
んん?
「非課税投資枠の未使用分」ってなんですか?
つみたてNISAの年間の非課税投資枠は40万円
その年に30万円を使用(積立)した場合未使用分が10万円となります
この10万円が「非課税投資枠の未使用分」!
この10万円分は翌年以降に繰り越すことができません
なるほど
先生おススメのつみたてNISAについてちょっとわかったぞ!
すばらしい
知ることが大事ですね!

第4章　お金の運用を学ぼうのまとめ

金融商品選びのポイント

この章のテーマは運用でしたが、そもそも運用とは貯蓄や投資によって、効率的にお金を増やしていくことです。老後の資金を準備するために、お金の運用を考えるのも一つの方法といえるでしょう。

運用を行う際には、金融商品を選ぶ必要がありますが、一口に金融商品といっても、さまざまな商品があります。そして、金融商品も人と同じように、それぞれ性格が異なり、長所・短所があります。ですから、金融商品を選ぶときには、それぞれが持つ性格を比較し、目的にあった商品を選択しなければなりません。

金融商品の性格を知るための手がかりとして、「安全性」（お金がどの程度保証されるのか）「流動性」（どのくらい自由に現金に換えることができるか）「収益性」（どれだけ収益（利益）が期待できるのか）の3

つの基準があります。

金融商品を選ぶときには、それぞれが持つ長所・短所を3つの基準に照らしながら比較しましょう。そして、目的に応じて使い分ける、また組み合せることが大切です。

積立を利用しよう

将来に向けてお金を準備していく方法として、積立を行うことが有効です。積立は、初めから無理をせず、月々の貯蓄額は無理のない金額にすることが大事なポイントとなります。

ただし、月々の貯蓄額が少ないと、目標額に到達するまでには時間がかかってしまいます。そこで、無理のない範囲でまとまったお金を貯めるためには、時間をかけて行うことになります。積立の期間が長ければ、長いほど大きなお金を貯めやすくなります。少しでも早く積立を開始することが、目標を達成することにつながります。

また、自営業者の場合、収入が不安定なこともありますが、収入が多いときにだけ貯めようとしても、なかなか貯まっていきません。収入が少ないときであっても、必ず無理のない最低額は積み立てていくようにします。もし収入が多ければ、その分貯蓄額を増やしていくようにするのです。そして、一定額の資金を積み立て、緊急資金をしっかり確保することができたら、その後に運用を考えていくとよいでしょう。

運用にはリスクがつきもの

次に、お金を「生活資金」「使用予定資金」「余裕資金」「緊急資金」の4つに分類してみます。そして、分類したお金ごとに、どのような運用方法が向いているのかを考えていきます。

自営業者の場合は、とくに生活資金と緊急資金はしっかりと確保し、余剰の余裕資金を運用に回していくようにします。ただし、運用にはリスクがつきものです。大きなリターン（利益）が期待できる金融商品ほど、リスクも大きくなります。リスクの高い金融商品で運用する場合、そのリスクを減らしてリターンを安定させる方法として分散投資があります。「金融商品の分散」「時間の分散」によってリスク減らしていくことが大切です。そして、長く運用を続ける長期運用も重要です。

また、自営業者の場合、運用のお金と仕事のお金をしっかり分けて管理していくことが大切です。仕事のお金と資産運用のお金のやりとりが複雑になってしまわないよう、仕事で使う口座と資産運用で使う口座をしっかり分けておきましょう。

自営業者のなかには収入があまり安定していない人もいます。そういった人は、安全性の高い金融商品での運用がオススメです。安定していない仕事で、リスクの高い投資をしてしまった場合、両方でうまくいかなくなったときに取り返しのつかない結果になってしまう恐れがあるからです。

少額から運用を始めよう

多くの余裕資金があって、その一部を資産運用に回すということであればよいのですが、自営業者のなかにはあまり貯蓄ができていない人も多く、運用に回せるお金がそれほどない人もいるでしょう。そういった人に検討して欲しいのが、少額から始められる運用です。投資信託のように数万円程度からでも始められるものがあるので、ムリなく始められるものから検討していくとよいでしょう。

また、少額からの長期・積立・分散投資をするための非課税制度として、つみたてNISAがあります。少額から始められ、リスクを抑えながらコツコツと長期的に老後資金づくりをしたいという人には、つみたてNISAがオススメです。

第5章

老後の生活を守る年金

5-1 公的年金のしくみ

この章では、老後の生活を支える年金について見ていきます
まずは公的年金制度のしくみについてです
日本の年金制度は、3階建ての構造といわれます
聞いたことあります

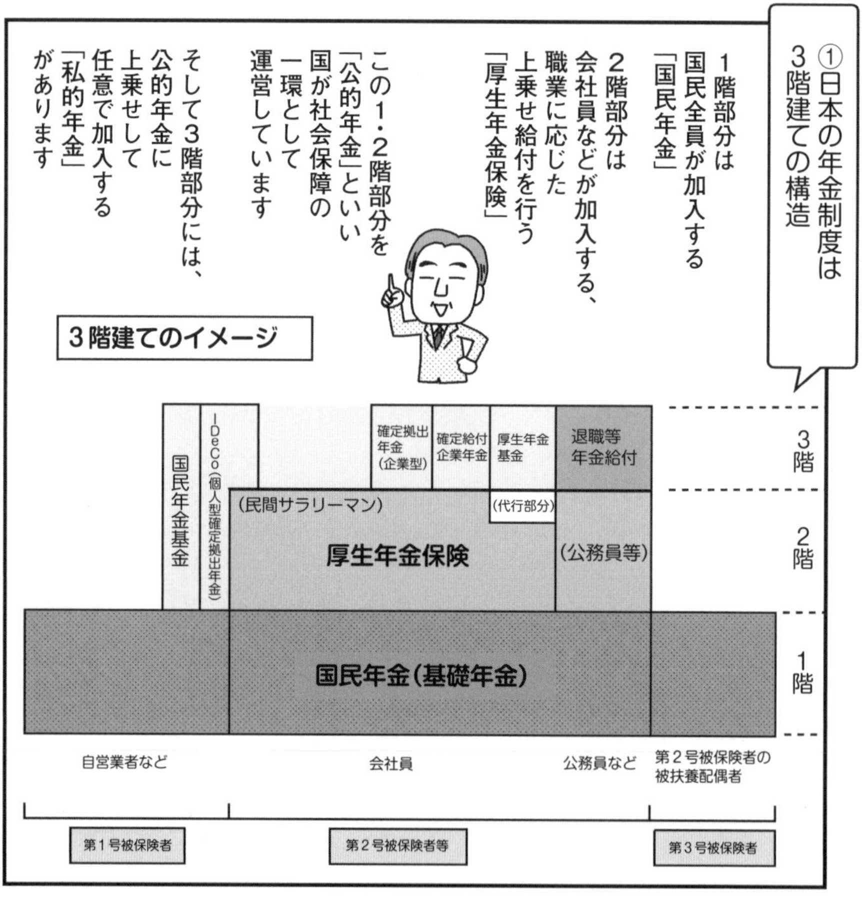

①日本の年金制度は3階建ての構造
1階部分は国民全員が加入する「国民年金」
2階部分は会社員などが加入する、職業に応じた上乗せ給付を行う「厚生年金保険」
この1・2階部分を「公的年金」といい国が社会保障の一環として運営しています
そして3階部分には、公的年金に上乗せして任意で加入する「私的年金」があります
3階建てのイメージ
国民年金基金
iDeCo（個人型確定拠出年金）
確定拠出年金（企業型）
確定給付企業年金
厚生年金基金
退職等年金給付
（民間サラリーマン）
（代行部分）
厚生年金保険
（公務員等）
国民年金（基礎年金）
3階
2階
1階
自営業者など
会社員
公務員など
第2号被保険者の被扶養配偶者
第1号被保険者
第2号被保険者等
第3号被保険者

②国民年金の被保険者
国民年金は20歳以上60歳未満の国民全員加入の制度です
すべての年金の土台になることから基礎年金とも呼ばれています
基礎年金
加入者は3つに区分されます
第1号被保険者…自営業者など
第2号被保険者…会社員・公務員などの厚生年金加入者、
第3号被保険者…第2号被保険者の被扶養配偶者
国民年金は国が運営する保険制度です被保険者は保険料を支払います
保険料は、被保険者の種類によって、取り扱いが異なります
払込用紙入り封筒
払ってますよーちょっと遅れてるけど
遅れてるんだ…
第一号被保険者の保険料
自営業者など第1号被保険者は、自分で保険料を納めます
国民年金の保険料は前納(前払い)することができます前納期間に応じて割引が適用されます
ネットバンクからペイジーで払ってます

また、第1号被保険者で保険料納付が困難な人には、保険料の免除制度があります さらには、学生の納付特例制度もあります
免除してもらうともらう年金額も減りますよね
その場合でも追納（後で払う）することで年金額を増やすこともできますよ
おお、そうでしたか
年金事務所に電話するといろいろ教えてくれるよ
電話したことあるんだ
遅れて払ってるからさ
第2号被保険者の保険料
会社員等の第2号被保険者は、厚生年金保険に保険料を支払っているため、国民年金の保険料は直接支払う必要はありません
直接払ってません
なお、厚生年金保険の保険料は事業主と被保険者（従業員）と折半で負担することになっています

第3号被保険者の保険料
第3号被保険者は、自ら国民年金の保険料を支払う必要はありません
直接払ってないわ

Point!

自営業者は国民年金の第１号被保険者なので、国民年金の保険料を全額自分で納めなければなりません。それに対して会社員等の場合は、厚生年金保険の保険料を会社が半分負担してくれます。ここにも違いがあります。

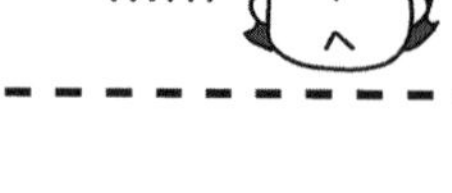
いいなあ……

③公的年金からの年金給付
公的年金制度では、加入者（被保険者）やその家族が次のような状態になった場合に、加入期間や年齢によって年金が支払われます
老齢給付
加入者が老齢（一定の年齢）になったときに支給されます
国民年金から老齢基礎年金、厚生年金保険からは老齢厚生年金が支給されます
障害給付
加入者が病気やケガで一定の障害状態となったときに支給されます
国民年金から障害基礎年金、厚生年金保険からは障害厚生年金が支給されます
遺族給付
加入者が死亡したときに支給されます
残された被扶養配偶者や子どもの生活を支えるための年金です
国民年金から遺族基礎年金、厚生年金保険からは遺族厚生年金が支給されます
④老後に給付される年金（老齢給付）
いま見たように、国民年金から老後に給付されるのが老齢基礎年金、
そして会社員などが加入する厚生年金保険からの給付が老齢厚生年金です
はい、そうですね

国民年金の加入期間は
20歳から60歳までの40年間です
このうち、
10年間以上加入
（保険料を納付）
していることが
老齢基礎年金を
受け取る条件です
40年間保険料を
納付していれば
満額の老齢基礎年金を
受け取ることができます
滞納や免除の
期間があれば、
もらえる年金額は
減ることになります
また、老齢基礎年金の
受給開始は
65歳からが原則です
40年間
滞納の期間があるとまずいですね
大丈夫 絶対全額 払うから
老齢厚生年金は、
老齢基礎年金の
受給資格があり、
厚生年金保険の
加入期間が
1カ月以上あれば、
加入期間と加入時の
給与・賞与に基づいた
年金額を受け取る
ことができます
会社員
個人事業主
私もコレなのよね
公的年金は
私たちの老後を
支えるものですが、
第2章で
触れたとおり、
超高齢社会を迎え、
公的年金制度は
保険料の
負担は増加し、
年金の給付は
抑えられて
いくことが
予想されています
負担増
給付減
えーっ そんなの ひどいー

国民年金と厚生年金保険

加入する制度	国民年金		国民年金+厚生年金
対象	大学生・自営業など（第一号被保険者）	専業主婦など（第３号被保険者）	会社員・公務員など（第２号被保険者）
特徴	保険料を全額自己負担する必要があるが、支払いが困難な場合の免除制度がある。	第２号被保険者扶養されている、20歳以上60歳未満の配偶者が対象。自己負担なし。	給与・賞与に保険料率を乗じた保険料を会社と折半し負担する
受け取れる年金	基礎年金	基礎年金	基礎年金+厚生年金

Point!

最近の老齢基礎年金の年金額の水準は80万円弱で、１月あたり6.5万円ほどの金額です。自営業者である第１号被保険者は、老齢基礎年金しかありませんので、この金額で日常生活費をまかなうことになります。第２章で見たように、夫婦２人で老後生活を送るうえで必要と考えられている最低日常生活費が22万円程度であるとすれば、まかないきれません。ですから、何だかの手立てが必要になるというわけです。

5-2 国民年金基金は上乗せの年金制度
自営業者などの第1号被保険者は1階部分の基礎年金しかありません
会社員
国民年金に上乗せして厚生年金保険に加入している会社員等の第2号被保険者と…
2階建て
国民年金にしか加入していない自営業者などの第1号被保険者とでは、将来受け取る年金額に大きな差が生じます
1階建て
はあーっ
大きなため息…
1号↓
そこで、この差を解消する制度として、国民年金基金があります
①国民年金基金とは
国民年金基金は、自営業者など国民年金の第1号被保険者が、より豊かな老後を過ごすことができるよう、国民年金（老齢基礎年金）に上乗せした年金を受け取るための公的な年金制度です
入って安心!!
これ、あべさん入ってます？
はあああー―っ
すごいため息!!

②国民年金基金に加入できる人
日本国内に在住で
・20歳以上60歳未満の自営業者とその家族
・自由業、学生など、国民年金の第1号被保険者
・60歳以上65歳未満で国民年金に任意に加入している人
海外に在住で
・国民年金に任意加入している人
国民年金基金に加入できない人
・厚生年金保険に加入している人会社員等（国民年金の第2号被保険者）
・厚生年金保険に加入している方の被扶養配偶者の人（国民年金の第3号被保険者）
会社員
奥さん
国民年金の第1号被保険者でも、次の人は加入できません
・国民年金の保険料を免除されている人（一部免除・学生納付特例・納付猶予を含む）
・農業者年金の被保険者
あべさん加入はできるんでしょ？
加入しないでここまで来たって感じです
③国民年金基金の老齢年金
国民年金基金の給付は、「老齢年金」と「遺族一時金」の2つがありますが、ここでは老齢年金について説明します

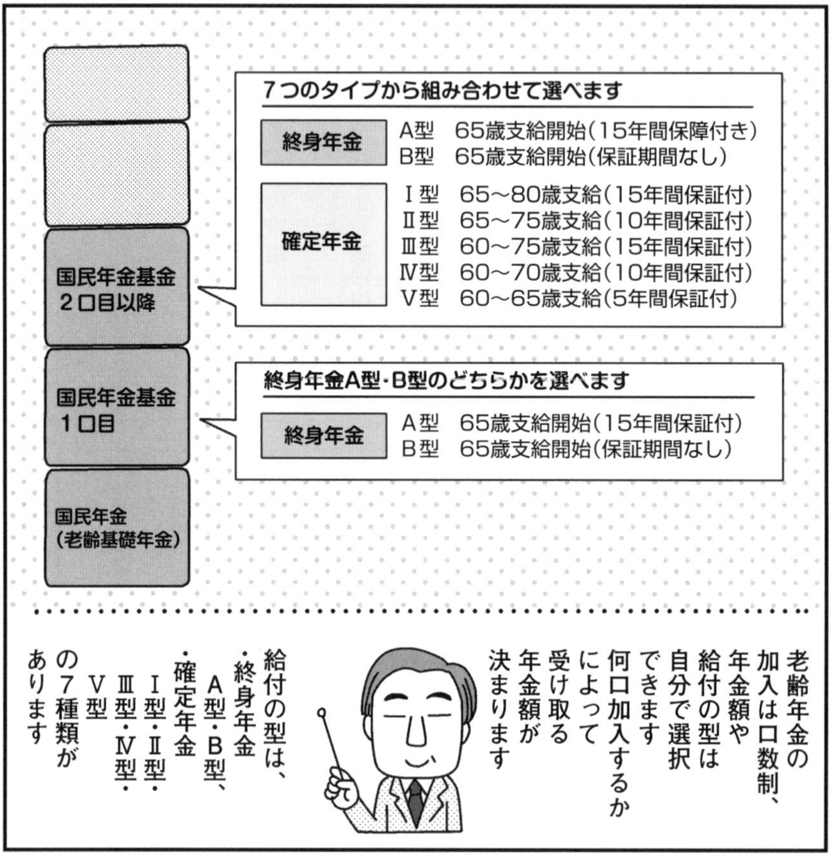
国民年金基金
２口目以降
７つのタイプから組み合わせて選べます
終身年金
A型　65歳支給開始（15年間保障付き）
B型　65歳支給開始（保証期間なし）
確定年金
Ⅰ型　65～80歳支給（15年間保証付）
Ⅱ型　65～75歳支給（10年間保証付）
Ⅲ型　60～75歳支給（15年間保証付）
Ⅳ型　60～70歳支給（10年間保証付）
Ⅴ型　60～65歳支給（5年間保証付）
国民年金基金
１口目
終身年金A型・B型のどちらかを選べます
終身年金
A型　65歳支給開始（15年間保証付）
B型　65歳支給開始（保証期間なし）
国民年金
（老齢基礎年金）
老齢年金の加入は口数制、年金額や給付の型は自分で選択できます何口加入するかによって受け取る年金額が決まります
給付の型は、・終身年金 A型・B型、・確定年金 Ⅰ型・Ⅱ型・Ⅲ型・Ⅳ型・Ⅴ型の７種類があります

「終身年金」は生涯にわたって年金を受け取れるもの、「確定年金」は年金の受取期間が決まっているものです
BANK

老井手先生、それぞれに書いてある（保証付き）とか（保証なし）というのはなんですか？
加入者が死亡した場合、遺族に一時金が支給されますが、その保証期間のことです
※終身年金B型以外には「○年間保証」がついています

国民年金基金の加入1口目は、終身年金A型、B型のいずれかを選択します
2口目以降は、自分のニーズにあわせて自由に選択できます
また、ライフスタイルや環境の変化に応じて、加入口数を増減することもできます
受け取る年金額は、何口加入するか(加入口数)によって異なり、加入時の年齢によっても異なります
A型
か
B型
2口目からは自由
加入口数増減OK!
以前調べた時に、一口の金額がこんなに払うの?って感じで入らなかったんだよね
へー
ちなみに今加入するとしたら…
※国民年金基金のホームページでわかりやすいシミュレーションができます!
今から始めたら…
掛金月額2万1千100円
そんなに払うの?
国民年金基金
プランの検索結果
あなたへのオススメプランは
ご加入プラン
A型 1口
掛金
21,100円
年金額
60,800円
※イメージです

払い込みは60歳まで、65歳から受け取れて年額6万800円
へぇえー
※国民年金基金のページで「お手軽プラン(基本プラン)」加入プラン:A型1口 終身年金でシミュレーションした場合
払うのは5年間くらい…か
ちょっとよく考えます
わかってよかったですね
④国民年金基金の掛金
掛金月額は、選択した給付の型、加入口数、加入時の年齢、性別によって決まります
掛金の上限は月額6万8千円です
国民年金基金の掛金は、全額が所得控除の対象となり、所得税や住民税が軽減されます
月額6万も入れられたらええなあ

国民年金の「付加年金」
国民年金基金は「国民年金(老齢基礎年金)」の「上乗せ」ですがもうひとつ、「付加年金」という「上乗せ」制度をご紹介します
フカ?
上乗せ
付加年金
国民年金

Point!

国民年金基金の掛金は、全額が所得控除の対象となります
老後の年金の上乗せとともに、節税となるというメリットもあります

節税

「付加年金」とは国民年金第1号被保険者が、定額保険料に付加保険料を上乗せして納めることで、受給する年金額を増やすものです
付加保険料の月額は400円で、付加年金額は「200円×付加保険料納付月数」
例えば50歳の方が10年間付加保険料を払った場合付加保険料の支払総額は
付加保険料の支払総額
月400円×12カ月
×10年
48,000円
65歳から毎年200円×12カ月×10年＝2万4千円が年金にプラスして受給できます　亡くなるまで！
受給額
毎年200円×12カ月
×10年
24,000円
毎年の年金にプラス！
死ぬまでずっと!!
えっ！コレいいなあ
ただし、国民年金基金に加入している人は、付加保険料を納めることはできません
あっ、そうなんだ！
国民年金基金に今から入るか？国民年金の付加年金を払うか？
どっちにしよう？
う〜ん…
どうします？
「付加年金」については日本年金機構のホームページで見てくださいね

5-3 iDeCoは自分で作る年金制度
iDeCo（個人型確定拠出年金）は自分で作る年金制度です※
自分でつくる??
①iDeCoとは
iDeCoは基本的に20歳以上60歳未満のすべての人が加入できます 加入者が自分で毎月一定の金額を積立運用します
60歳以降に年金、または一時金でお金を受け取れます
ほおほお まさに自分でつくる年金ですね
また、掛金、運用益、給付の受け取りには、税制上の優遇措置があります
メリット メリット
でもお…自分で運用できるかなあ？
やっぱり知識は必要ですよね？
自分で運用といっても高度な知識は必要ありません

※確定拠出年金法に基づいて実施されています

運用する金融商品もあらかじめ用意されているので運用の初心者でも大丈夫です
へえぇ〜
②iDeCoは月額5千円から可能
iDeCoは月額5千円から始めることができます
おお！始めやすい金額！
掛金の拠出は指定口座からの口座振替で行います
掛金は毎月5千円から千円単位で設定できます
ふむふむ変更できるんだ※
年間の上限額の範囲であれば、毎月の拠出額を自由に設定できます
※平成2018年1月より、加入者が年1回以上、任意に決めた月にまとめて掛け金の拠出(年単位拠出)ができるようになりました

※掛金額の変更は年１回のみ

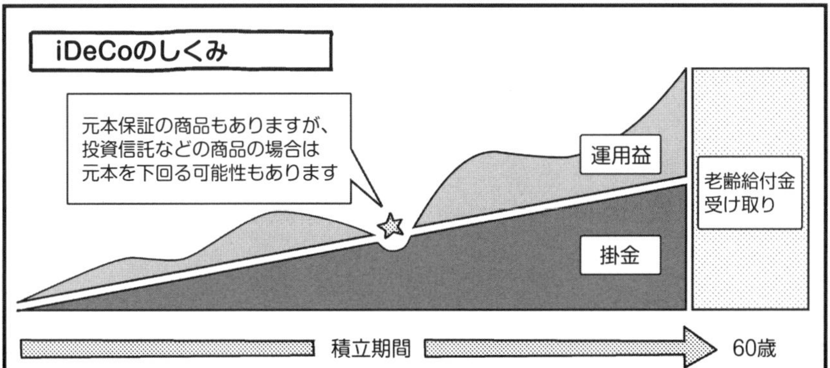
iDeCoのしくみ
元本保証の商品もありますが、投資信託などの商品の場合は元本を下回る可能性もあります
運用益
掛金
老齢給付金受け取り
積立期間
60歳

ただし、原則として「拠出したお金は60歳まで引き出すことができない」ので、注意してください
流動性、低し！
運用商品は、運営管理機関が選定する商品の中から、自由に組み合わせることができます
商品を選ぶ際にはリスクの許容度や目標利回りなど運用方針を定めて商品を決めましょう
商品A
商品B
商品C
商品D
次に、掛金でどの運用商品をどれだけ購入するか、配分※を決めます
(※掛金の何パーセントをどの商品に振り分けるかの比率)
その配分比率に基づいて、運用商品が購入されます
100%
③iDeCoの掛金の限度額、加入資格
iDeCoは、毎月の掛金の拠出額を自由に設定することができますが、限度額(上限)が定められています
上限
その限度額は、その人の働き方によって異なります
自営業者
自営業者等を対象とする第1号被保険者の掛金の限度額は、月額6万8千円(年間81万6千円)です
※この金額は国民年金の付加保険料や国民年金基金の掛金と合算した金額です

会社員や公務員を対象とする第2号被保険者の場合、職種や条件によって掛金の限度額は異なります
会社員等は、企業型確定拠出年金・確定給付企業年金の有無によって掛金の限度額が変わります
会社員
第2号被保険者
専業主婦（夫）等を対象とする第3号被保険者は月額2万3千円（年間27万6千円）です
専業主婦
第3号被保険者

iDeCoの拠出限度額について

区分	条件	拠出限度額
（第一号被保険者）自営業者		月額6.8万円（年額81.6万円）（国民年金基金または国民年金付加保険料との合算枠）
（第２号被保険者）会社員・公務員等	会社に企業年金がない会社員	月額2.3万円（年額27.6万円）
	企業型DCに加入している会社員	月額2.0万円（年額24.0万円）
	DBと企業型DCに加入している会社員	月額1.2万円（年額14.4万円）
	DBのみに加入している会社員	月額1.2万円（年額14.4万円）
	公務員等	月額1.2万円（年額14.4万円）
（第３号被保険者）専業主婦（夫）		月額2.3万円（年額27.6万円）

※DC：確定拠出年金　DB：確定給付企業年金、厚生年金基金

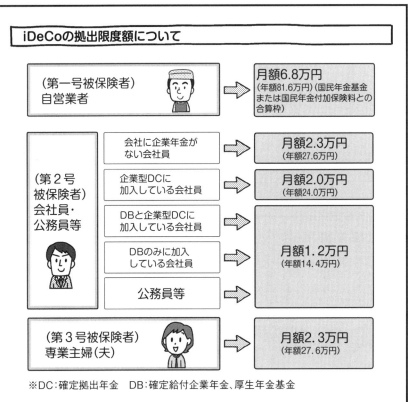

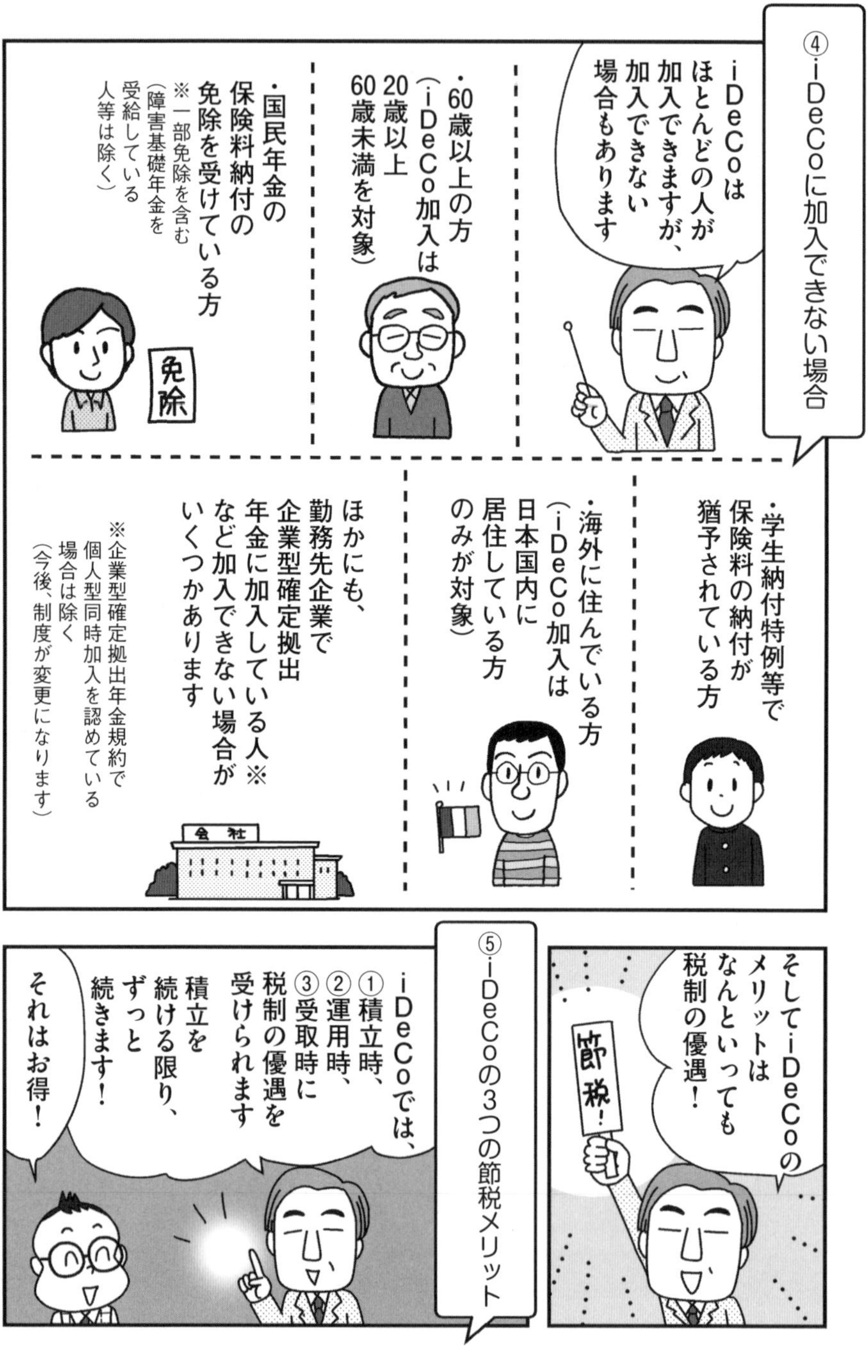

④iDeCoに加入できない場合
iDeCoはほとんどの人が加入できますが、加入できない場合もあります
・60歳以上の方（iDeCo加入は20歳以上60歳未満を対象）
・国民年金の保険料納付の免除を受けている方
※一部免除を含む（障害基礎年金を受給している人等は除く）
免除
・学生納付特例等で保険料の納付が猶予されている方
・海外に住んでいる方（iDeCo加入は日本国内に居住している方のみが対象）
ほかにも、勤務先企業で企業型確定拠出年金に加入している人※など加入できない場合がいくつかあります
※企業型確定拠出年金規約で個人型同時加入を認めている場合は除く（今後、制度が変更になります）
会社
そしてiDeCoのメリットはなんといっても税制の優遇！
節税！
⑤iDeCoの3つの節税メリット
iDeCoでは、①積立時、②運用時、③受取時に税制の優遇を受けられます
積立を続ける限り、ずっと続きます！
それはお得！

iDeCo節税メリット
①積立時のお得
掛金の全額が所得控除の対象!
年間の所得金額から掛金を差し引いた金額が課税対象になります
その分の所得税と住民税の負担を軽減できます
全額!!
毎月の掛金が1万円の場合、全額が所得控除の対象なので、
1万円×12カ月=12万円を所得から差し引きます
仮に、所得税(10%)・住民税(10%)とすると、12万円×(10%+10%)=2・4万円の税金が軽減!
※控除を受けるためには、年末調整や確定申告での手続が必要です
iDeCo節税メリット
②運用時のお得
運用益が全額非課税!
通常、金融商品の運用で利益が出た場合、約20%の税率が課税されます
非課税
でもiDeCoでは、課税なし!
さらに運用中に得た利益を非課税で再投資に回すことで、複利効果で資産をどんどん増やすことも可能!
やめられませんね!
たとえば運用で1万円の利益が出た場合、通常は約2千円の税金がかかるのにiDeCoでは税金がかかりません
利益100万円だとその差は20万以上!
こりゃええなあ

iDeCo節税メリット
③受取時のお得
受取時には課税されますが、ここでも税制が優遇され、一定額までは非課税となります
受取方法には、年金と一時金があります
※金融機関によっては年金と一時金の併用
非課税
受取るときにもお得なの!?

年金として受け取る場合は公的年金等控除
一時金の場合は退職所得控除の対象となります
どちらも一定額までは非課税で年金・一時金が受け取れます
ほんとにこれいいですねー

Point!

iDeCoは、3つのタイミングで税制の優遇を受けることができます。とくに所得控除は大きなメリットです。

たとえば自営業者Aさん（30歳・課税所得300万円）が、iDeCoに毎月2万円の掛金を拠出しているとします。Aさんの年間の掛金は2万円×12カ月＝24万円。そして、Aさんの所得税・住民税の税率はともに10％と仮定します。すると年間の節税額は、24万円×（10％＋10％）＝4.8万円。60歳まで運用を続け、課税所得等が変わらないとすると、節税額は4.8万円×30年＝144万円となります。

年金を積み立てながら、30年間で150万円近くの節税のメリットを受けられます。この節税額は積立期間が長いほど増えるので、長く続けるほどメリットは大きくなります。

⑥iDeCoのデメリット・注意点①
iDeCoのデメリット・注意点にも触れておきましょう
たとえばNISAは、売りたいときにいつでも売って現金化できます
通常の投資信託や定期預金も同じ
そうでしたね
しかし、iDeCoで積み立てたお金は、60歳になるまで引き出すことはできません
引き出し
NO!
老後の資産形成を目的とした年金制度だからこそ、税制の優遇が行われることになっています
だから60歳にならないと引き出せないのです
なるほどー
一度iDeCoへ積み立てたお金は、途中で引き出せません
注意してください
余裕のあるお金じゃないといけませんね
でもお金を持っているとつい使ってしまいがちの人にはメリットかもしれませんよ
あー、使ってしまう人にはねー
ところでお昼、うなぎでも食べます?
あー、これがすぐ使ってしまう人だ

60歳まで引き出しができないからこそiDeCoで、半ば強制的に老後資金を作ることができますよ
そうかもー
引き出せないほうがいいですね
また、iDeCoの資産運用は加入者自身の責任で行われるので受け取る額は運用成績で変動します
運用商品には、元本が確保されないものもあるので、運用成果が悪ければ、元本割れになることもあります
元割れ
元本割れいやですよー
元本割れを避けたいなら、投資信託ではなく、定期預金など元本確保型商品での運用を考えたほうがいいですね
さらには、iDeCoは各種の手数料がかかります手数料は金融機関ごとに大きく異なります金融機関を選ぶ際には、この点を十分考慮してください
手数料
調べます！
会社によってかなり違いますねー
⑦iDeCoで選べる運用商品
iDeCoで運用するには元本確保型と元本変動型を選べるというお話をしました
ここからは、その運用商品を見ていきましょう

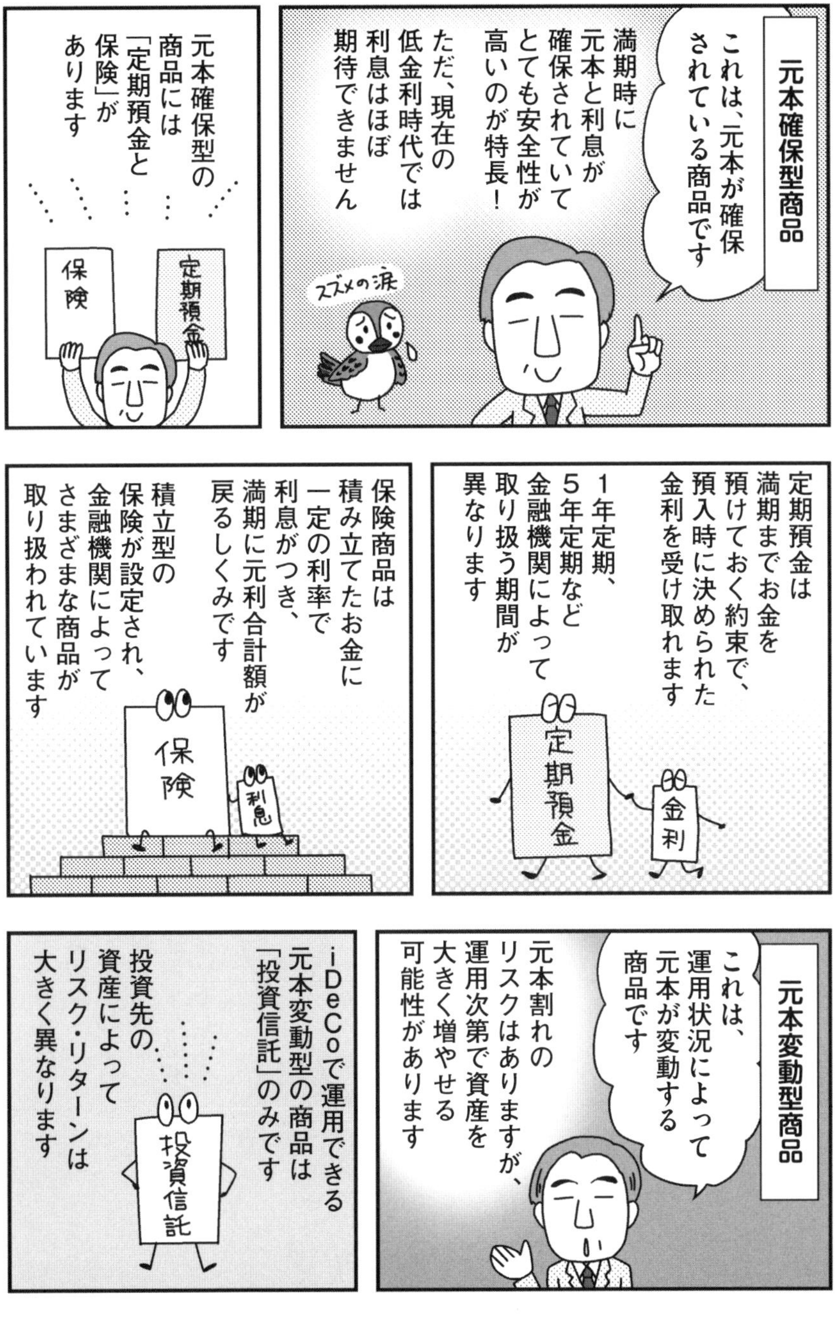
元本確保型商品
これは、元本が確保されている商品です
満期時に元本と利息が確保されていてとても安全性が高いのが特長！
ただ、現在の低金利時代では利息はほぼ期待できません
スズメの涙
元本確保型の商品には「定期預金と保険」があります
定期預金
保険
定期預金は満期までお金を預けておく約束で、預入時に決められた金利を受け取れます
1年定期、5年定期など金融機関によって取り扱う期間が異なります
定期預金
金利
保険商品は積み立てたお金に一定の利率で利息がつき、満期に元利合計額が戻るしくみです
積立型の保険が設定され、金融機関によってさまざまな商品が取り扱われています
保険
利息
元本変動型商品
これは、運用状況によって元本が変動する商品です
元本割れのリスクはありますが、運用次第で資産を大きく増やせる可能性があります
iDeCoで運用できる元本変動型の商品は「投資信託」のみです
投資先の資産によってリスク・リターンは大きく異なります
投資信託

ですから、投資信託商品の選択は慎重に行う必要がありますね
そうですねー
リスクを抑えて安定的に資産形成するには、
「長期の積立」（P111、129参照）と、「複数の金融商品に分散投資」が有効！と言いましたよね
分散投資！
iDeCoでは、毎月の掛金が5千円でも、自分の決めた比率で複数の投資信託に分散投資ができます
iDeCoだと分散投資を長く続けられますね
⑧運用商品選びのポイント
では、どんな運用商品を選べばいいでしょう？
やっぱりお金が減るのはいやだなあ
そういう人は、無理に元本変動型の投資信託で運用する必要はないでしょう
元本確保型の商品だけで運用するのも1つの方法です
あ、それでもいいんですか？

iDeCoで積み立てた掛金は全額が所得控除の対象！
所得税、住民税が軽減！
節税効果が高いので、定期預金で構わないので、まずはiDeCoを始めてみるのもよいでしょう
でも…せっかくなら運用益が非課税というメリットを活かしたいですよね
もちろん！
増やせる可能性のある投資信託を組み入れて運用することも検討しましょう
というと…？
とくに、将来受け取る額を増やしたいなら投資信託がおすすめです
もちろん増やしたいですー
ただ、ひとくちに投資信託と言っても、「株式型」「債券型」「REIT」…など、数多くの種類があります
投資初心者で、どう投資したらよいかわからない人はバランス型を検討するとよいでしょう
おお！

バランス型とは？
あらかじめ国内外の株式や債券に分散投資されている投資信託です
バランス型なら1本選ぶだけで手軽に分散投資が可能ですよ
バランス
それはいいですね
また、投資信託で運用する場合、運用期間中に運用管理費用（信託報酬）がかかります
仮に投資信託の運用収益が年1・5％であったとしても、年1％で運用管理費用があれば、実際の収益は0・5％程度になってしまいます
あらあら
運用収益　運用管理費用　実際の収益
(年)1.5％－1％＝0.5％
※ざっくりとした計算です
これが長期になると運用管理費用が積み重なり、思うように資産を増やすことができなくなります
運用管理費用に注目して比較・検討することも運用商品選びのポイントですよ
なるほどー

⑨iDeCoの受取方法には年金・一時金・併給がある
iDeCoは運用してきた資金を「老齢給付金」として60歳以降に受け取れます
※60歳未満の受給は一部の例外を除いて不可
ただし、60歳から年金資産を受け取るには、iDeCoの加入期間等（通算加入者等期間）が10年以上必要です
10年に満たない場合は、受給可能な年齢が繰り下げられます
ほうほう
受け取り方法1
一時金として一括で受け取る
受給権が発生する原則60歳から70歳になるまでの間に、一時金として一括で受け取ります
一時金
一時金で受け取った場合の税金は？
一時金の所得区分は税法上「退職所得」扱いです
（老齢給付金－退職所得控除額）×1/2＝退職所得
ココに課税！
老齢給付金から退職所得控除額を差し引いて残った金額に2分の1を掛けた金額が退職所得になり、その部分に課税されます

受け取り方法2
年金として受け取る
年金で受け取る場合は有期年金※として取り扱います
受け取れる年齢になったら5年以上20年以下の期間で、運営管理機関が定める方法で支給されます
年金
※年金の支払い期間があらかじめ定まっているもの
年金として受け取った場合の税金は?
この場合は、税法上「雑所得」になります 他の公的年金等の収入の合計額に応じて公的年金等控除額を差し引くことができます
これは雑草
受け取り方法3
一時金と年金を組み合わせて受け取る(併給)
年金
一時金
受け取れる年齢になったら一部の年金資産を一時金で受け取り、残りの年金資産を年金で受け取る方法です
※取り扱っていない運営管理機関もあります
BANK
組合せて受け取った場合の税金は?
退職所得控除と公的年金等控除を受けられます

Point!

自営業者の場合は退職金代わりに一時金で受け取るという選択が考えられますが、その人の働き方や資産状況によっては、年金として受け取るほうがよい場合があるでしょう。あくまで自分に適した受取方法を選ぶことが大切です。

※2022年４月から、確定拠出年金（企業型DC・iDeCo）における老齢給付金の受給開始の上限年齢が70歳から75歳に引き上げられ、iDeCoにおける老齢給付金は、60歳（加入者資格喪失後）から75歳までの間で受給開始時期を選択することができるようになります。これまでiDeCoでは60歳未満の国民年金被保険者が加入可能でしたが、2022年5月からは国民年金被保険者であれば加入可能となり、60歳以上のiDeCoについては、国民年金の第２号被保険者または国民年金の任意加入被保険者※であれば加入可能となります。

また、これまで海外居住者はiDeCoに加入できませんでしたが、国民年金に任意加入していればiDeCoに加入できるようになります。

※国民年金の任意加入被保険者とは、60歳までに老齢基礎年金の受給資格を満たしていない場合や、40年の納付済期間がないため老齢基礎年金を満額受給できない場合などで年金額の増額を希望するときに、60歳以降も国民年金に加入している人です。

5-4 小規模企業共済は積立による退職金制度

年金制度ではありませんが、自営業者に適した公的な制度として小規模企業共済があります
ご紹介しましょう
小規模企業共済
あーこれやりたいと思ってました！
へぇ そうなんですか？
①小規模企業共済のしくみ
小規模企業共済制度は、小規模企業の経営者や役員、個人事業主などのための、積立による退職金制度です
国の機関、中小機構が運営しています
確定申告では全額を課税対象所得から控除できるので高い節税効果があります
個人事業主
退職金制度
節税
掛金は月々1千円～七万円まで500円単位で設定が可能です
加入後も増額・減額ができます
少額からOKでありがたい！
また、共済金は、退職・廃業時に受け取り可能 満期や満額はありません
仕事を辞めるときか…
うーん…

共済金の受け取り方は
◎「一括」
◎「分割」
◎「一括と分割の併用」
が可能です
iDeCoと同じですね
一括受取りの場合は退職所得扱いに、
分割受取りの場合は、公的年金等の雑所得扱いとなり、税制上のメリットもあります
分割!!
一括!

Point!

小規模企業共済の掛金も
全額所得控除の対象となり、
大きな節税メリットとなります。
iDeCoと組み合わせて
活用することによって、
効果はさらに大きくなります

小規模企業共済
+
iDeco

iDeCoと小規模企業共済両方やりたいな
ほおー前向き!
両方小額からできるから
できますね!

② 小規模企業共済の加入資格

小規模企業共済制度は、次のいずれかに該当する場合加入できます

1. 建設業、製造業、運輸業、サービス業（宿泊業・娯楽業に限る）、不動産業、農業などを営む場合は、常時使用する従業員の数が20人以下の個人事業主または会社等の役員

2. 商業（卸売業・小売業）、サービス業（宿泊業・娯楽業を除く）を営む場合は、常時使用する従業員の数が5人以下の個人事業主または会社等の役員

3. 事業に従事する組合員の数が20人以下の企業組合の役員、常時使用する従業員の数が20人以下の協業組合の役員

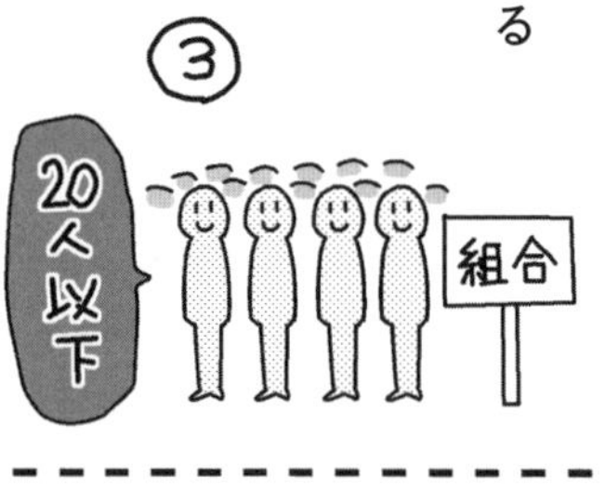

4. 常時使用する従業員の数が20人以下であって、農業の経営を主として行っている農事組合法人の役員

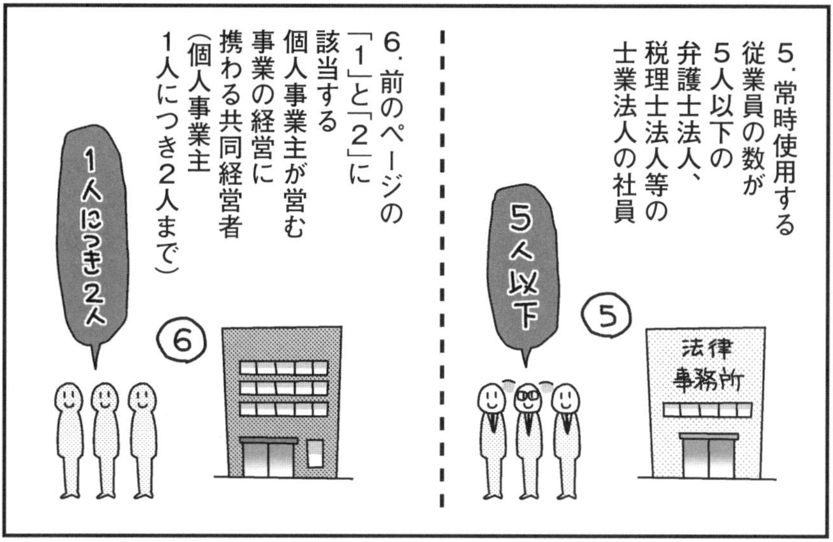

5.常時使用する従業員の数が5人以下の弁護士法人、税理士法人等の士業法人の社員
5人以下
⑤
法律事務所
6.前のページの「1」と「2」に該当する個人事業主が営む事業の経営に携わる共同経営者（個人事業主1人につき2人まで）
1人につき2人
⑥

③貸付制度を利用できる
小規模企業共済制度では、契約者は掛金の範囲内※で事業資金の貸付制度を利用することができます。
※掛金の納付期間に応じた貸付限度額の範囲内
低金利で、即日貸付けも可能です
次のような貸付制度が用意されています
・一般貸付け
・緊急経営安定貸付け
・傷病災害時貸付け
・福祉対応貸付け
・創業転業時・新規事業展開等貸付け
・事業承継貸付け
・廃業準備貸付け
低金利!!

Point!

自営業者の場合、緊急の事業資金や新規事業展開の資金が必要になることがあります。そのような場合に貸付制度を利用できることは大きなメリットですね。

助かるなー！

第5章 老後の生活を守る年金のまとめ

公的年金制度のしくみ

この章では、年金について見てきましたが、まずは公的年金制度についての確認です。

日本の年金制度は、3階建ての構造になっているといわれ、1階部分は国民全員が加入する「国民年金」です。そして、2階部分は会社員などが加入する、職業に応じた上乗せ給付を行う「厚生年金保険」です。この1・2階部分を「公的年金」といいます。そして3階部分には、公的年金に上乗せして企業や個人が任意で加入することができる年金制度として「私的年金」があります。

国民年金は20歳以上60歳未満の国民全員加入の制度で、加入者は第1号～第3号被保険者に区分されています。国民年金の保険料は、被保険者の種類によって、取り扱いが異なっていますが、自営業者は基本的に国民年金の第1号被保険者なので、国民年金の保険料を全額自分で納めなければなりません。

公的年金制度では、加入者（被保険者）やその家族が一定の状態になった場合に、加入期間や年齢によって年金が支払われます。給付は「老齢給付」「障害給付」「遺族給付」の3つがあります。

国民年金の加入期間は20歳から60歳になるまでの40年間で、10年間以上加入（保険料を納付）していることが老齢基礎年金を受け取る条件です。40年間保険料を納付していれば満額の老齢基礎年金を受け取ることができますが、滞納や免除の期間があれば、もらえる年金額は減ることになります。また、老齢基礎年金の受給開始は65歳からが原則です。

老後の年金に上乗せする方法

自営業者などの第1号被保険者は1階部分の基礎年金しかありません。国民年金に上乗せして厚生年金保険に加入している会社員等と、国民年金だけにしか加入していない自営業者などの国民年金の第1号被保険者とでは、将来受け取る年金額に大きな差が生じます。そこで、この差を解消する制度として、国民年金基金があります。国民年金基金は、自営業者など国民年金の第1号被保険者が、より豊かな老後を過ごすことができるよう、国民年金（老齢基礎年金）に上乗せした年金を受け取るための公的な年金制度です。国民年金基金の掛金は、全額が所得控除の対象となり、老後の年金の上乗せとともに、節税となるというメリットもあります。

また、任意に加入できる年金制度には、ｉＤｅＣｏ（個人型確定拠出年金）もあります。ｉＤｅＣｏは、自分で作る年金制度で、加入したい人が自分で申し込み、自分で毎月一定の金額を積み立てます。そして、あらかじめ用意された定期預金・保険・投資信託といった金融商品で自ら運用し、60歳以降に掛金とその運用益との合計額をもとに給付を受けることができるというしくみになっています。
iDeCoには、掛金、運用益、給付を受け取るときに税制上の優遇措置が受けられるというメリットがあります。積立時は、掛金の全額が所得控除の対象となり、運用時は、運用益が全額非課税になります。そして、受取時は課税されますが、ここでも税制が優遇され、一定額までは非課税となります。iDeCoは、3つのタイミングでそれぞれ税制の優遇を受けることができる点が大きなメリットといえます。
ただし、iDeCoでは掛金を原則60歳になるまで引き出すことができない、場合によっては元本割れとなるおそれもあるなど注意点もあります。

小規模企業共済という制度もある

年金制度ではありませんが、自営業者に適した公的な制度として小規模企業共済があります。小規模企業共済制度は、小規模企業の経営者や役員、個人事業主などのための、積立による退職金制度です。
小規模企業共済の月々の掛金は1，000～70，000円まで500円単位で自由に設定が可能で、加入後も増額・減額できます。掛金は、その全額が所得控除の対象となるため、高い節税効果があります。iDeCoと組み合わせて活用することによって、効果はさらに大きなものとなります。
また、小規模企業共済制度には、事業資金の貸付制度もあります。自営業者の場合、緊急の事業資金が必要になったり、また新規事業展開のための資金が必要になったりすることもあります。そのような場合にこの貸付制度を利用できることも大きなメリットといえるでしょう。

第6章

保険のことも知っておこう

6-1 どうして保険が必要？

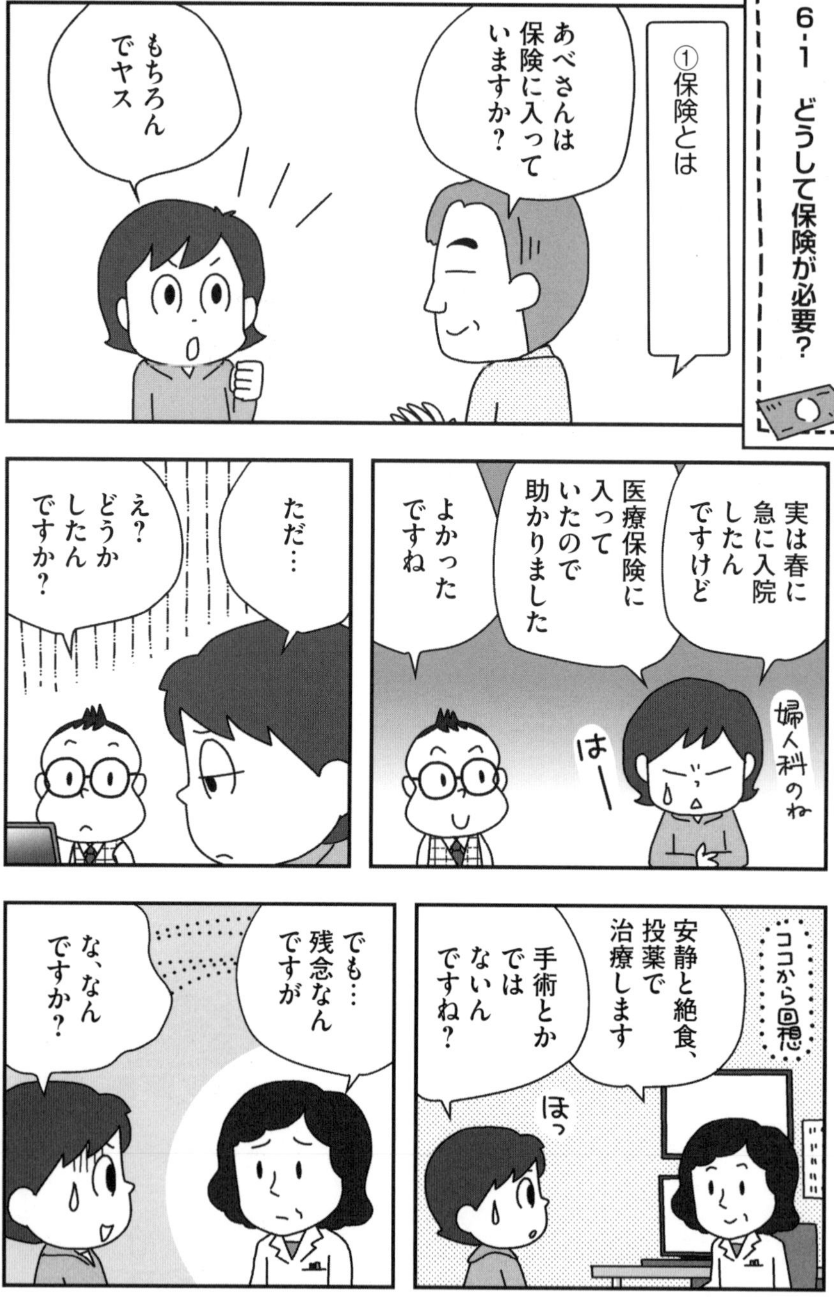
①保険とは
あべさんは保険に入っていますか？
もちろんでヤス
実は春に急に入院したんですけど
医療保険に入っていたので助かりました
よかったですね
婦人科のね
はー
ただ…
え？どうかしたんですか？
ココから回想
安静と絶食、投薬で治療します
手術とかではないんですね？
ほっ
でも…残念なんですが
な、なんですか？

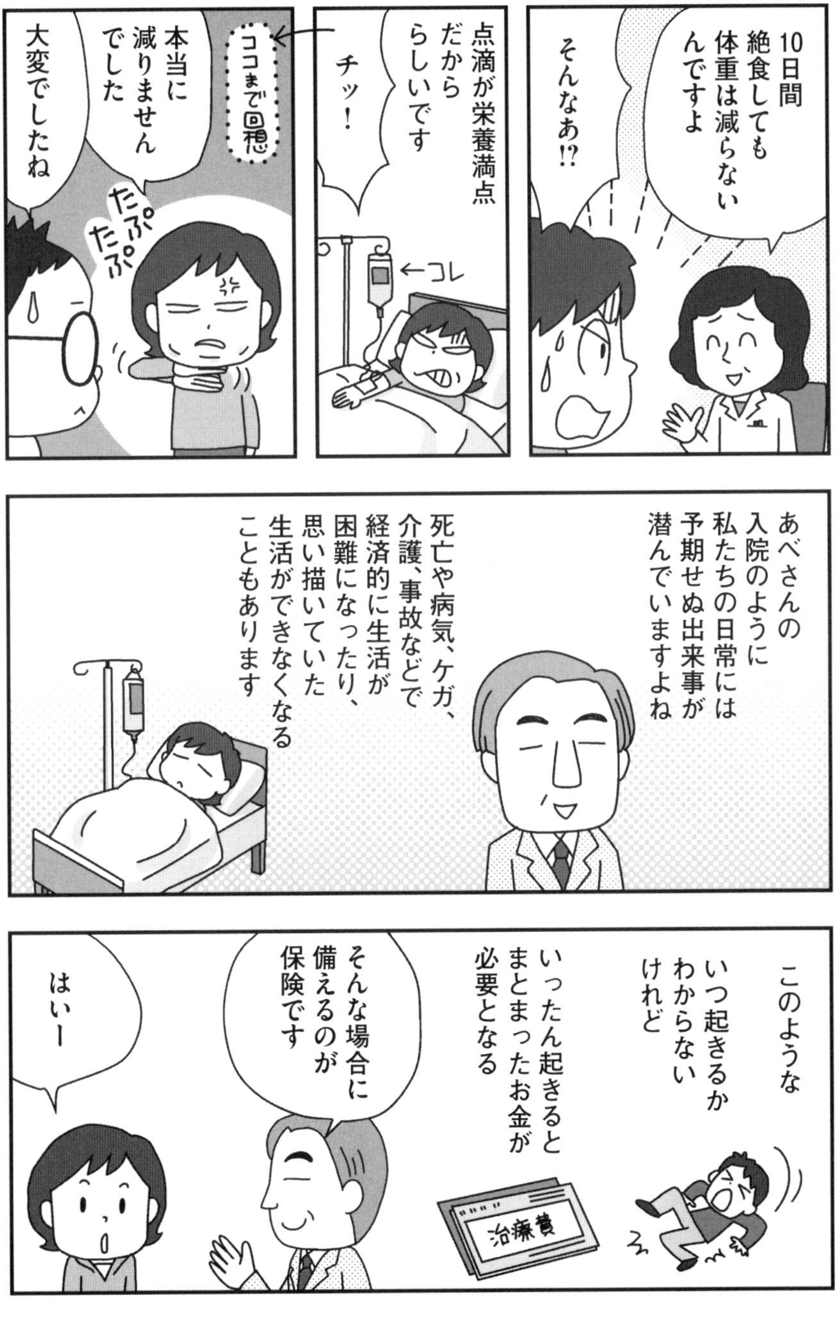
10日間絶食しても体重は減らないんですよ
そんなあ!?
点滴が栄養満点だからしいです
←コレ
チッ!
ココまで回想
本当に減りませんでした
たぷたぷ
大変でしたね
あべさんの入院のように私たちの日常には予期せぬ出来事が潜んでいますよね
死亡や病気、ケガ、介護、事故などで経済的に生活が困難になったり、思い描いていた生活ができなくなることもあります
このようないつ起きるかわからないけれど
いったん起きるとまとまったお金が必要となる
治療費
そんな場合に備えるのが保険です
はいー

また一方で、大きな病気もなく長生きした場合でもいつまでも十分な収入があるとは限りません
うんまあ…そうですね
保険はそんなときにも利用できます
将来必要なお金を時期や目的に合わせて準備できるんです
うんうん、いいですねー
生命保険は自分や家族を守る「生活保障」の手段なのです
確かにー！
②保険のしくみ
保険は、大勢の人が公平に保険料を負担し合い、いざというときに給付を受ける
「助け合い」
「相互扶助」
のしくみで成り立っています
くわしく説明すると、
たくさんの人が仲間になり、少しずつ公平にお金（保険料）を出し合い
大きな共有の財布にお金を貯めます
財布は保険会社が管理します

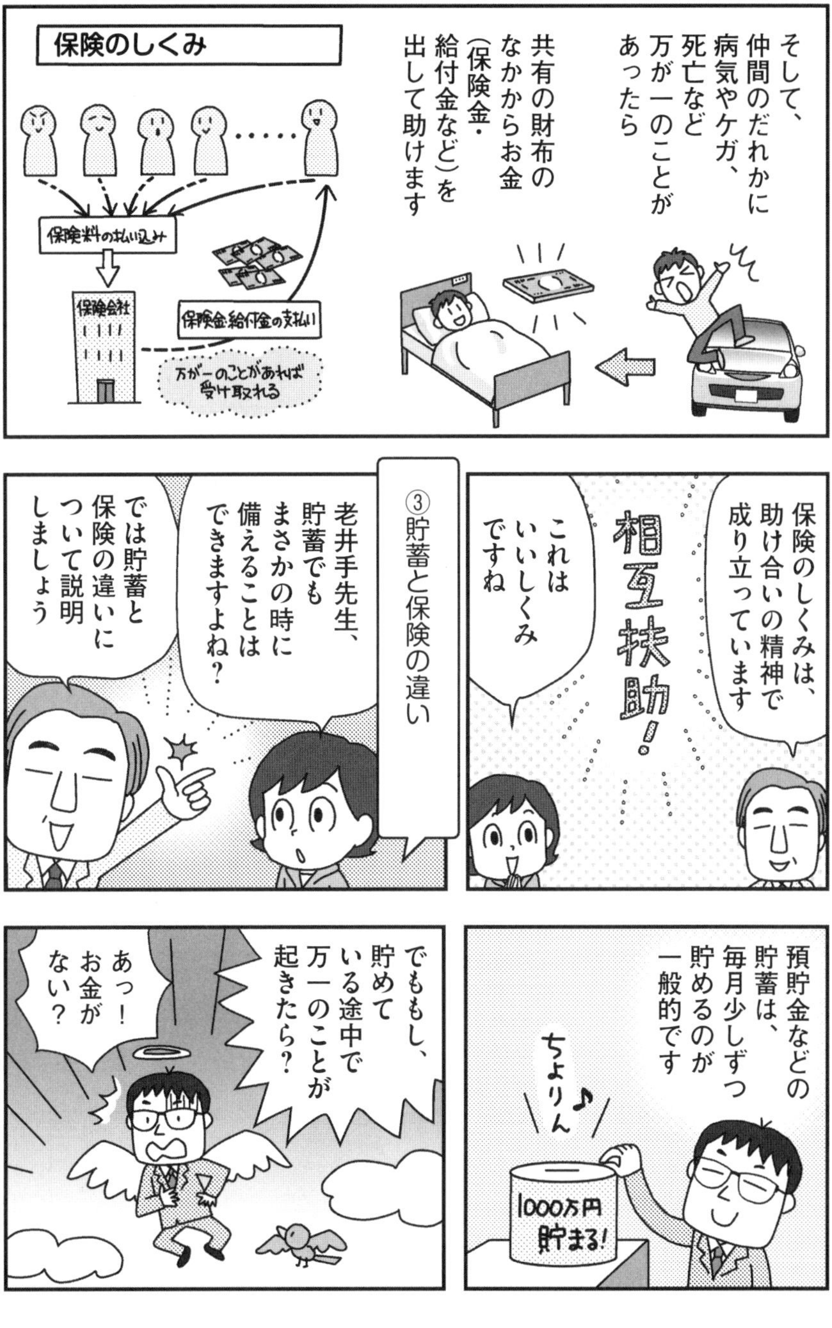
そして、仲間のだれかに病気やケガ、死亡など万が一のことがあったら
共有の財布のなかからお金（保険金・給付金など）を出して助けます
保険のしくみ
保険料の払い込み
保険会社
保険金・給付金の支払い
万が一のことがあれば受け取れる
保険のしくみは、助け合いの精神で成り立っています
相互扶助！
これはいいしくみですね
③貯蓄と保険の違い
老井手先生、貯蓄でもまさかの時に備えることはできますよね？
では貯蓄と保険の違いについて説明しましょう
預貯金などの貯蓄は、毎月少しずつ貯めるのが一般的です
ちょりりん♪
1000万円貯まる！
でももし、貯めている途中で万一のことが起きたら？
あっ！お金がない？

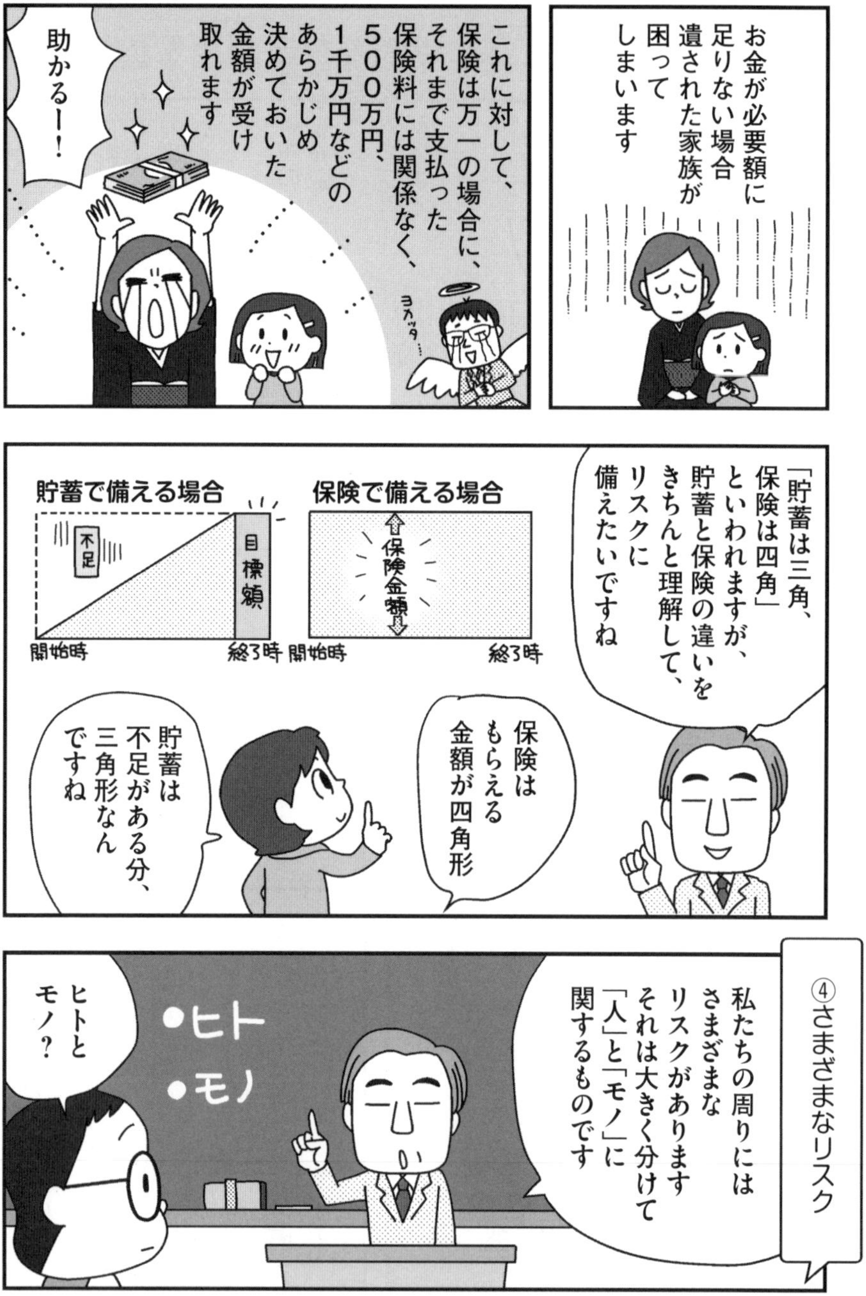
お金が必要額に足りない場合遺された家族が困ってしまいます
これに対して、保険は万一の場合に、それまで支払った保険料には関係なく、500万円、1千万円などのあらかじめ決めておいた金額が受け取れます
助かるー！
ヨカッタ…
「貯蓄は三角、保険は四角」といわれますが、貯蓄と保険の違いをきちんと理解して、リスクに備えたいですね
保険で備える場合
保険金額
開始時
終了時
貯蓄で備える場合
不足
目標額
開始時
終了時
保険はもらえる金額が四角形
貯蓄は不足がある分、三角形なんですね
④さまざまなリスク
私たちの周りにはさまざまなリスクがありますそれは大きく分けて「人」と「モノ」に関するものです
●ヒト
●モノ
ヒトとモノ？

「人」に関するリスク
病気・ケガのリスク
病気やケガなどで、生活に支障が及ぶリスク
死亡のリスク
万が一のときに、遺された家族の生活に支障が及ぶリスク
長生きのリスク
老後の生活においての経済的なリスク
3つ目のリスクが悲しいな
でもわかる…
「モノ」に関するリスク
車のリスク
交通事故等による対人・対物・自損・同乗者などの損害によるリスク
住まいのリスク
火災や地震などで、建物や家財が損害を受けるリスク
賠償責任のリスク
他人にケガを負わせたり、モノに損害を与えた場合のリスク
⑤生命保険と損害保険
保険には多くの種類がありますが、
「生命保険」
「損害保険」
の二つに大きく分類できます
生命保険は、主に「人」に関するリスクに備える保険
損害保険は、主に「モノ」に関するリスクに備える保険です（ケガを補償する保険もあります）
人
モノ

生命保険は「第一分野の保険」
損害保険は「第二分野の保険」
に分類されます
第一分野 生命保険
第二分野 損害保険
第三分野の保険 医療保険、ガン保険、介護保険など
この真ん中の部分は？
「第三分野の保険」と言われ、生命保険会社、損害保険会社両方が取り扱っています
規制緩和でお互いに参入できるようになったんです
かなり前のことですけどね
へーそうなんですか
「第三分野」の保険は種類も多く、内容もさまざまです
介護保険のCMとか最近見ますもんね
元気に越したことはないけど
何かあった時に困らないよう保険は必要ですな
ですな

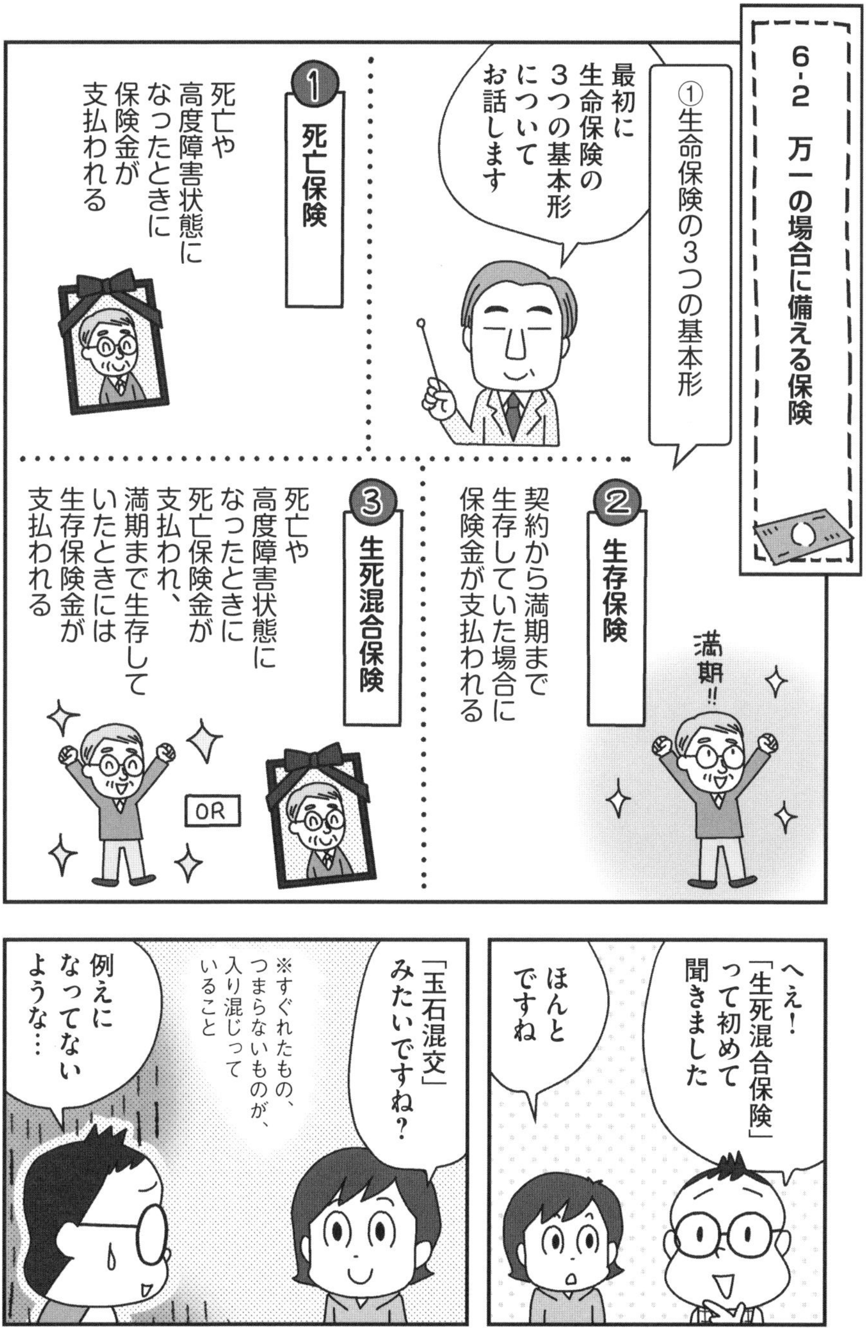
6-2 万一の場合に備える保険
①生命保険の3つの基本形
最初に生命保険の3つの基本形についてお話します
① 死亡保険
死亡や高度障害状態になったときに保険金が支払われる
② 生存保険
契約から満期まで生存していた場合に保険金が支払われる
満期!!
③ 生死混合保険
死亡や高度障害状態になったときに死亡保険金が支払われ、満期まで生存していたときには生存保険金が支払われる
OR
へぇ!「生死混合保険」って初めて聞きました
ほんとですね
「玉石混交」みたいですね?
※すぐれたもの、つまらないものが、入り混じっていること
例えになってないような…

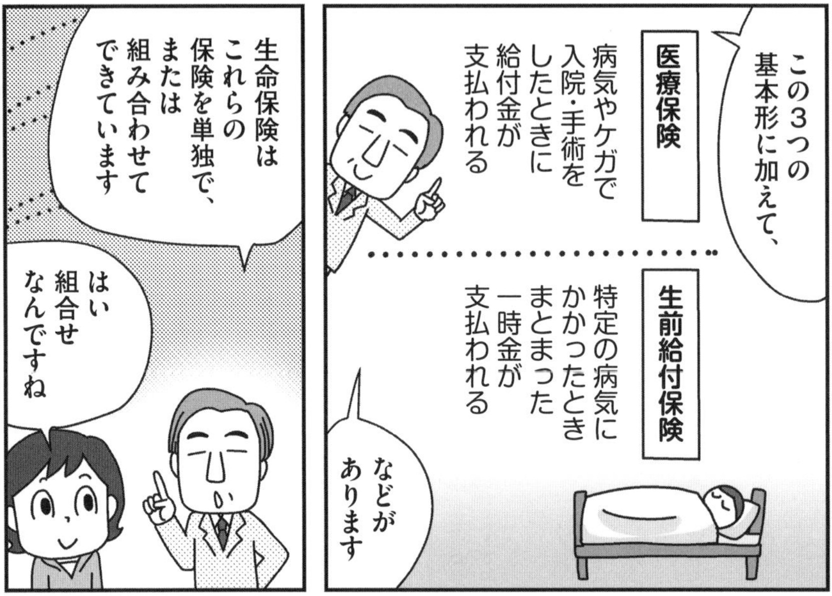

この3つの基本形に加えて、
医療保険
病気やケガで入院・手術をしたときに給付金が支払われる
生前給付保険
特定の病気にかかったときまとまった一時金が支払われる
などがあります
生命保険はこれらの保険を単独で、または組み合わせてできています
はい 組合せなんですね

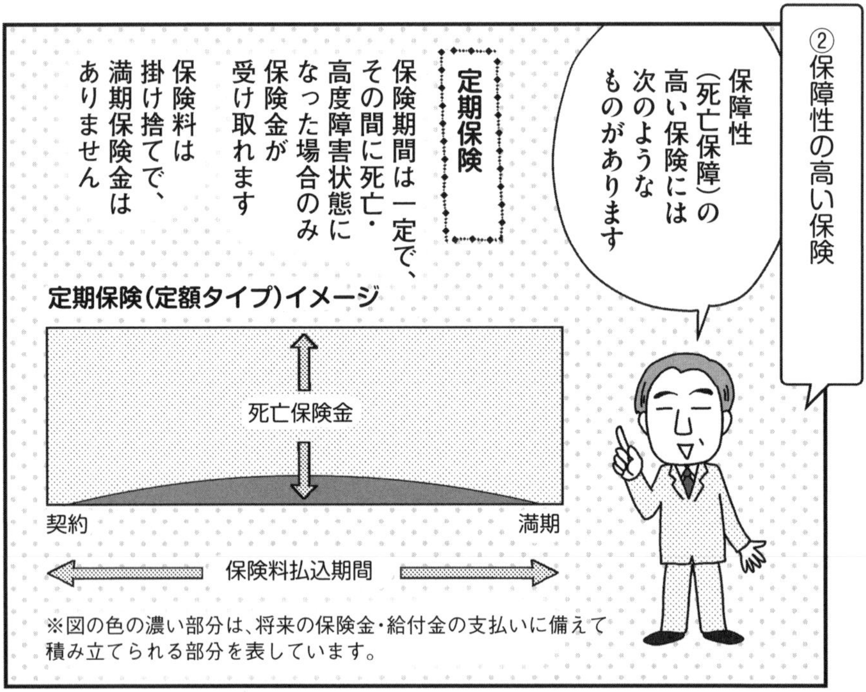

②保障性の高い保険
保障性（死亡保障）の高い保険には次のようなものがあります
定期保険
保険期間は一定で、その間に死亡・高度障害状態になった場合のみ保険金が受け取れます
保険料は掛け捨てで、満期保険金はありません
定期保険（定額タイプ）イメージ
死亡保険金
契約
満期
保険料払込期間
※図の色の濃い部分は、将来の保険金・給付金の支払いに備えて積み立てられる部分を表しています。

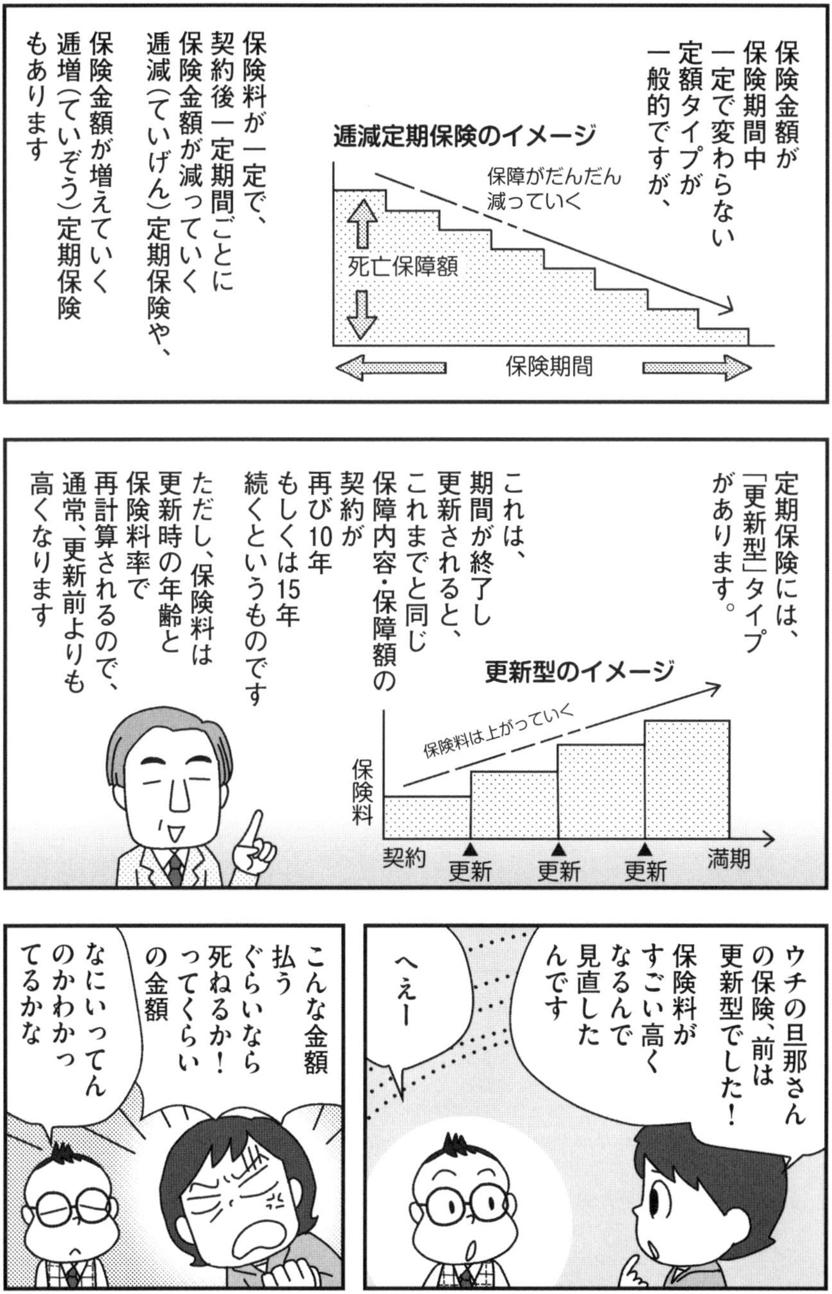
保険金額が
保険期間中
一定で変わらない
定額タイプが
一般的ですが、
逓減定期保険のイメージ
保障がだんだん
減っていく
死亡保障額
保険期間
保険料が一定で、
契約後一定期間ごとに
保険金額が減っていく
逓減(ていげん)定期保険や、
保険金額が増えていく
逓増(ていぞう)定期保険
もあります
定期保険には、
「更新型」タイプ
があります。
これは、
期間が終了し
更新されると、
これまでと同じ
保障内容・保障額の
契約が
再び10年
もしくは15年
続くというものです
ただし、保険料は
更新時の年齢と
保険料率で
再計算されるので、
通常、更新前よりも
高くなります
更新型のイメージ
保険料は上がっていく
保険料
契約
更新
更新
更新
満期
ウチの旦那さん
の保険、前は
更新型でした！
保険料が
すごい高く
なるんで
見直した
んです
へぇー
こんな金額
払う
ぐらいなら
死ねるか！
ってくらい
の金額
なにいってん
のかわかっ
てるかな

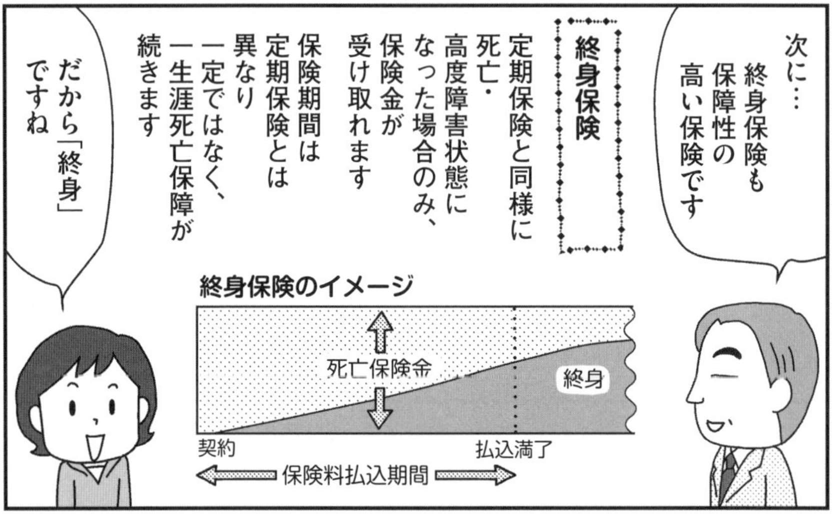
次に…終身保険も保障性の高い保険です
終身保険
定期保険と同様に死亡・高度障害状態になった場合のみ、保険金が受け取れます
保険期間は定期保険とは異なり一定ではなく、一生涯死亡保障が続きます
だから「終身」ですね
終身保険のイメージ
死亡保険金
終身
契約
払込満了
保険料払込期間

保険料の一部が積み立てられるため、解約返戻金（解約したときに戻ってくるお金）が貯まります
ですから、掛け捨ての保険と比べると、保険料は高めです
ふむふむ

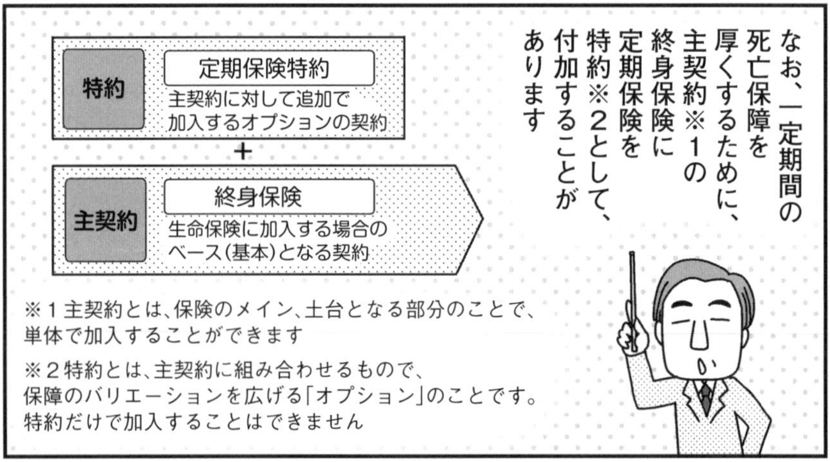
なお、一定期間の死亡保障を厚くするために、主契約※1の終身保険に定期保険を特約※2として、付加することがあります
特約
定期保険特約
主契約に対して追加で加入するオプションの契約
+
主契約
終身保険
生命保険に加入する場合のベース（基本）となる契約
※1主契約とは、保険のメイン、土台となる部分のことで、単体で加入することができます
※2特約とは、主契約に組み合わせるもので、保障のバリエーションを広げる「オプション」のことです。特約だけで加入することはできません

その他の保険
定期保険や
終身保険のほかに、
保障性の高い
保険として、
収入保障保険や
利率変動型
積立終身保険
などがあります

収入保障保険
契約時に定めた
保険期間内に、
死亡・高度障害
状態になった場合
残された遺族が
保険金を分割して
受け取ることが
できる保険
ウチこれ
入ってます
・・・分割・・・

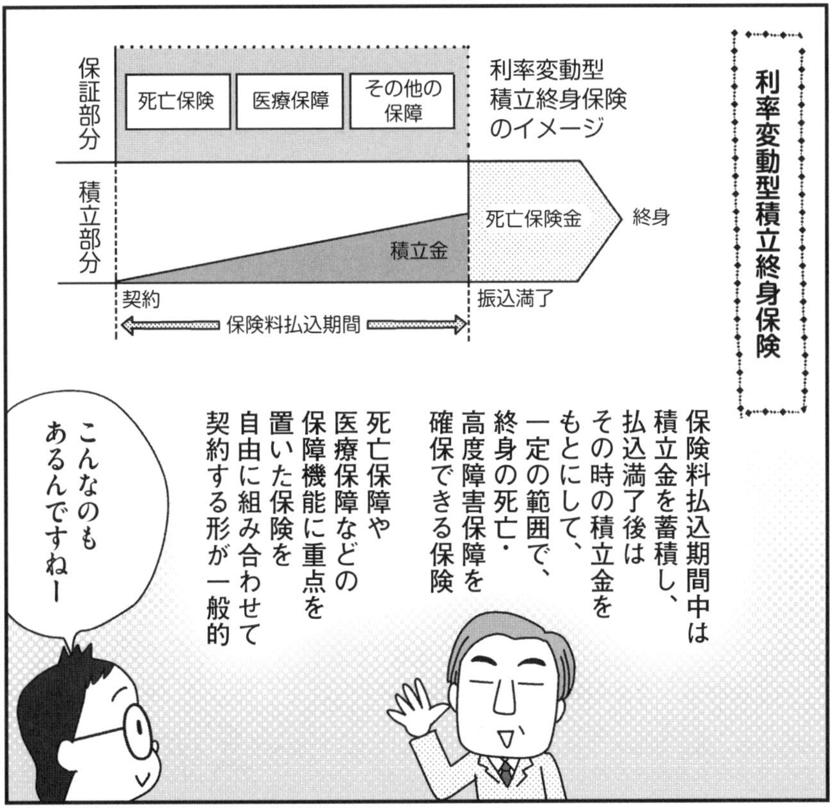
利率変動型積立終身保険
利率変動型
積立終身保険
のイメージ
保証部分
死亡保険
医療保障
その他の保障
積立部分
積立金
死亡保険金
終身
契約
振込満了
保険料払込期間
保険料払込期間中は
積立金を蓄積し、
払込満了後は
その時の積立金を
もとにして、
一定の範囲で、
終身の死亡・
高度障害保障を
確保できる保険
死亡保障や
医療保障などの
保障機能に重点を
置いた保険を
自由に組み合わせて
契約する形が一般的
こんなのも
あるんですねー

Point!

第５章で見たように、自営業者は会社員等と違って１階部分の国民年金しか加入していません。もし万一のことがあった場合、会社員等の遺族は遺族基礎年金と遺族厚生年金を受給することができますが、自営業者の遺族は遺族基礎年金しか受給することができません。しかも、その遺族基礎年金は18歳未満の子どものいる配偶者、または18歳未満の子どもが受け取れるものなので、該当しない場合には公的年金からの給付はありません。

ですから、自営業者の場合、会社員等よりも大きな死亡保障を確保しておく必要があります。具体的には定期保険や収入保障保険等の保険によって残された家族の生活費などをカバーすることが考えられます。

※18歳未満の子どもとは、18歳到達年度の末日（３月31日）を経過していない子

自営業者は
心配…

③保障性と貯蓄性のある保険
保障性と貯蓄性を兼ね備えた保険として、養老保険やこども保険などがあります

養老保険

保険期間は一定で、その間に死亡したときには死亡保険金が、満期時に生存していたときには満期保険金が受け取れます

死亡保険金と満期保険金は同額です

養老保険のイメージ

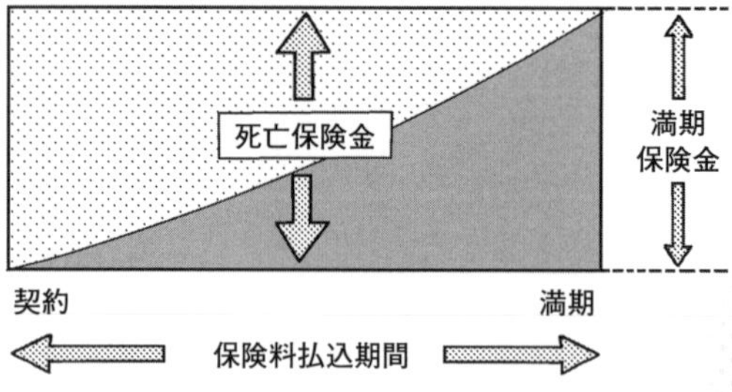

死亡保険金
満期保険金
契約
満期
保険料払込期間

※図の色の濃い部分は、将来の保険金・給付金の支払いに備えて積み立てられる部分を表しています。

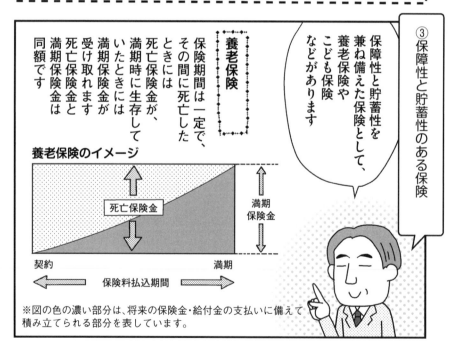

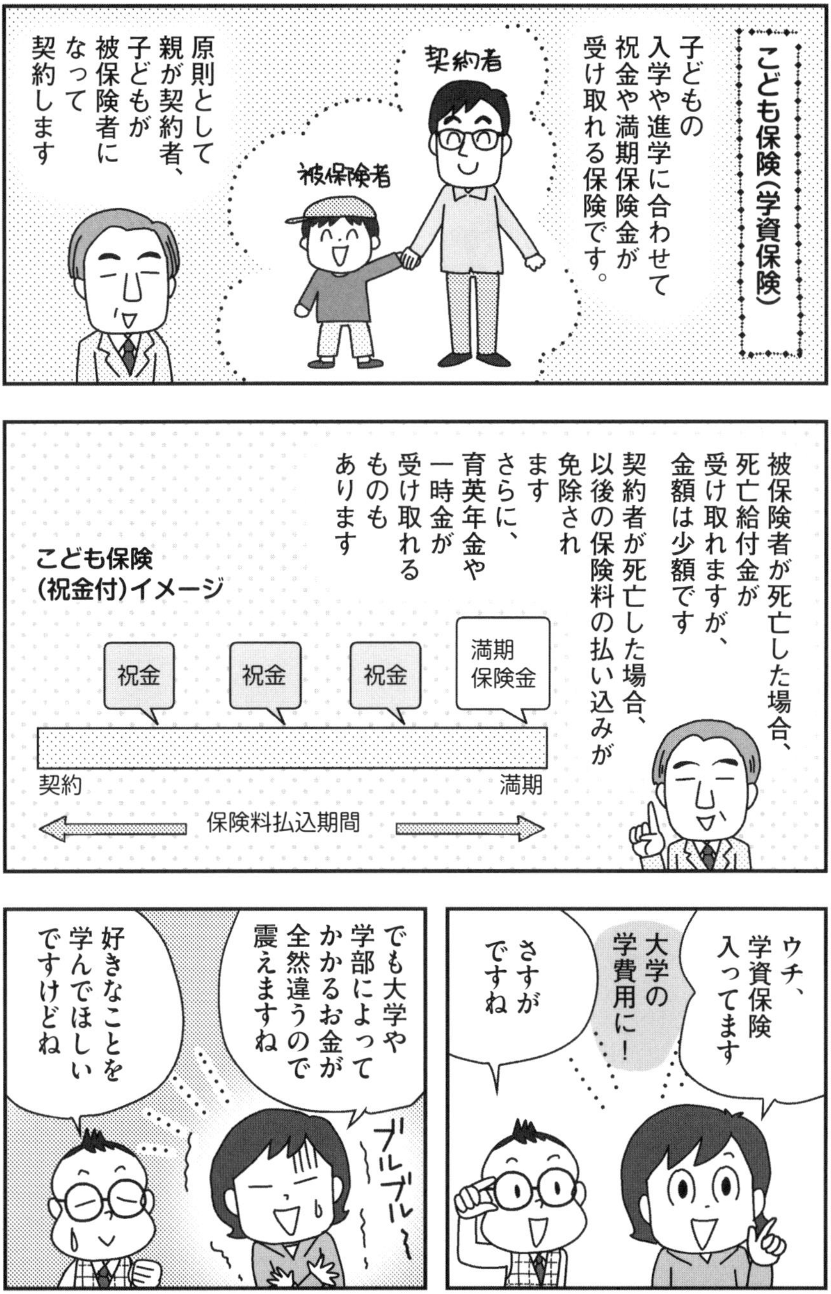
こども保険（学資保険）
子どもの入学や進学に合わせて祝金や満期保険金が受け取れる保険です。
契約者
被保険者
原則として親が契約者、子どもが被保険者になって契約します
被保険者が死亡した場合、死亡給付金が受け取れますが、金額は少額です
契約者が死亡した場合、以後の保険料の払い込みが免除されます
さらに、育英年金や一時金が受け取れるものもあります
こども保険（祝金付）イメージ
祝金
祝金
祝金
満期保険金
契約
満期
保険料払込期間
ウチ、学資保険入ってます
大学の学費用に！
さすがですね
でも大学や学部によってかかるお金が全然違うので震えますね
ブルブル〜
好きなことを学んでほしいですけどね

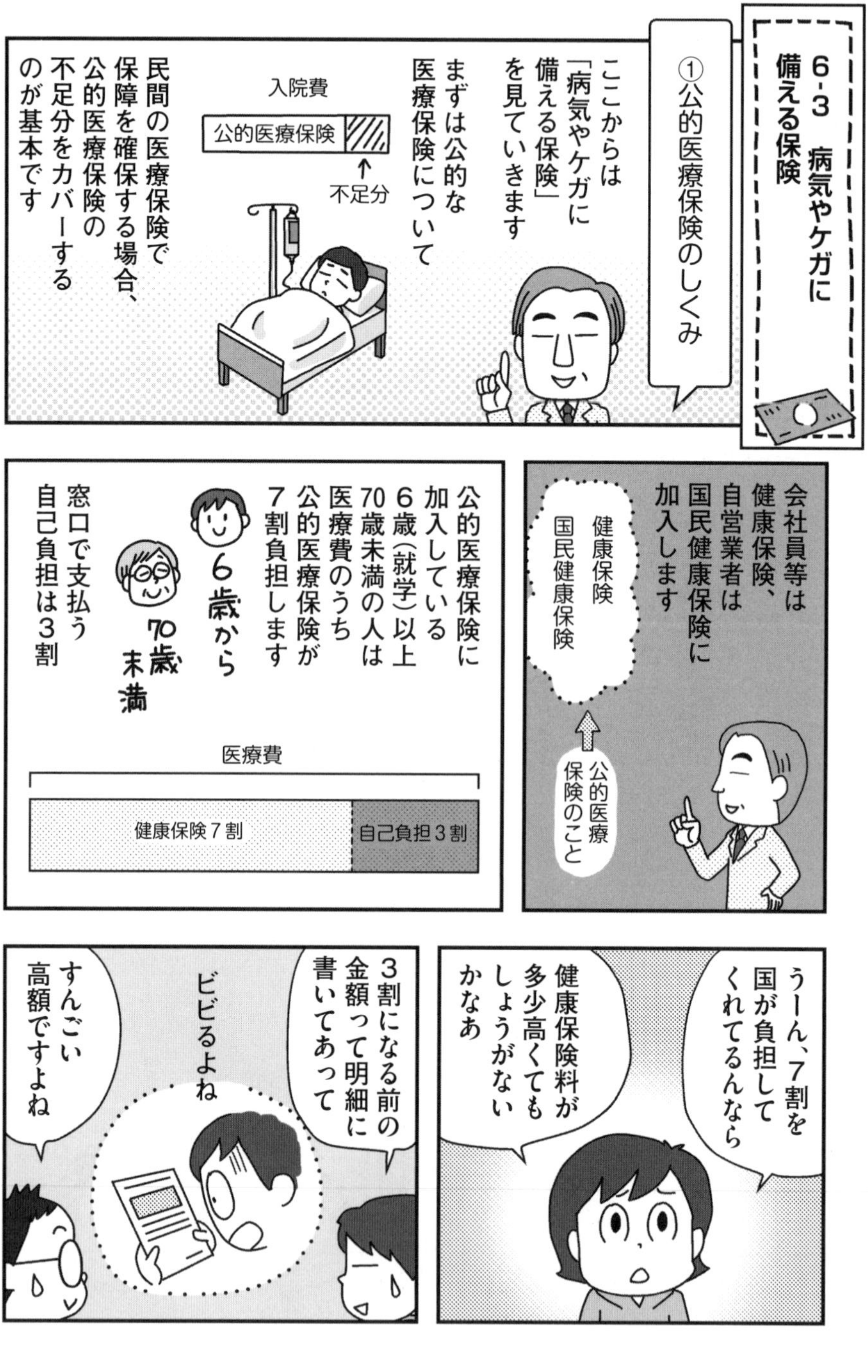
6-3 病気やケガに備える保険
①公的医療保険のしくみ
ここからは「病気やケガに備える保険」を見ていきます
まずは公的な医療保険について
入院費
公的医療保険
不足分
民間の医療保険で保障を確保する場合、公的医療保険の不足分をカバーするのが基本です
会社員等は健康保険、自営業者は国民健康保険に加入します
健康保険
国民健康保険
公的医療保険のこと
公的医療保険に加入している6歳(就学)以上70歳未満の人は医療費のうち公的医療保険が7割負担します
6歳から
70歳未満
窓口で支払う自己負担は3割
医療費
健康保険７割
自己負担３割
うーん、7割を国が負担してくれてるんなら
健康保険料が多少高くてもしょうがないかなあ
3割になる前の金額って明細に書いてあって
ビビるよね
すんごい高額ですよね

さらに
公的医療保険には、
自己負担分が
高額になったとき、
負担を軽減する
「高額療養費制度」
があります
これは1カ月の
医療費の自己負担が
定められた上限を
超えた場合に、
支給！
その超えた分を
支給する制度です
（自己負担の上限は
所得により
決まっています）
これ、3月に
入院した時に
もらいました
へぇ
そうなん
ですか
退院の時には
いったん全額
払うんですけど
ドキドキ
お支払い
1か月後
くらいに
おしらせがくる
高額療養費
制度で
お金が支給
サレマス
ヤッタ！
いくらぐらい
給付されたん
です？
うーん
4万円
くらい
へぇ！
通院治療の
注射代に
しました
注射1本
1万円で
計6本も！
でっかいの…
お大事にー

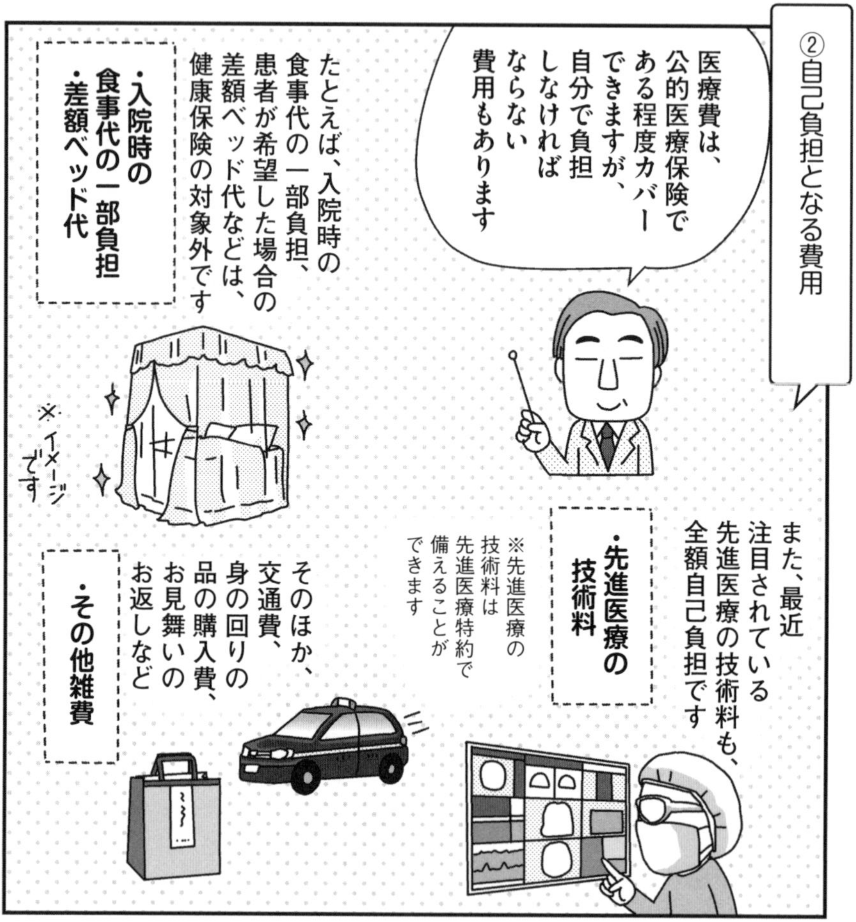
②自己負担となる費用
医療費は、公的医療保険である程度カバーできますが、自分で負担しなければならない費用もあります
たとえば、入院時の食事代の一部負担、患者が希望した場合の差額ベッド代などは、健康保険の対象外です
・入院時の食事代の一部負担
・差額ベッド代
※イメージです
また、最近注目されている先進医療の技術料も、全額自己負担です
・先進医療の技術料
※先進医療の技術料は先進医療特約で備えることができます
そのほか、交通費、身の回りの品の購入費、お見舞いのお返しなど
・その他雑費

これらの自己負担になる費用については、医療保険で備えるようにしましょう

あとね、入院するならWi-Fi完備が絶対です
安心感が違う－！！

③医療保険と医療特約
病気やケガに備える保険には、
「医療保障を主契約とした医療保険やガン保険などに加入する方法」と、
「死亡保障などの保障に特約を付加する方法」があります
はいー

主契約で備える1
医療保険
医療保険は、病気やケガで入院・手術をしたときに入院給付金や手術給付金を受け取れます
死亡時には死亡保険金（給付金）を受け取れますが、一般的には金額は少額です（死亡保険金がない商品もある）
また、保険期間は「定期型」と「終身型」があります
少額

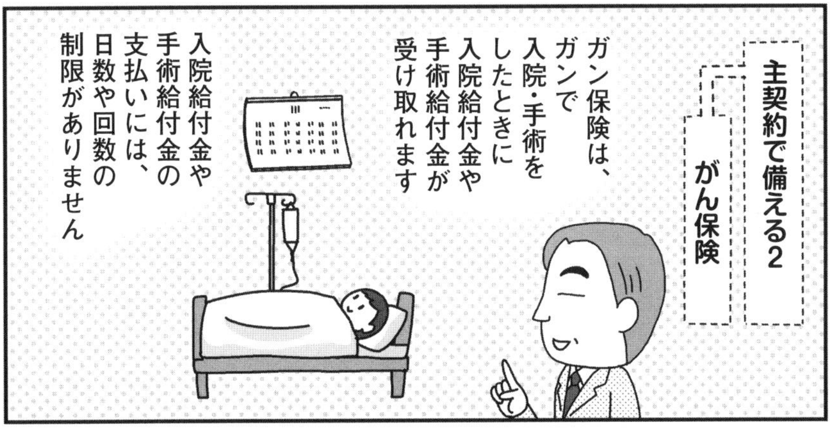
主契約で備える2
がん保険
ガン保険は、ガンで入院・手術をしたときに入院給付金や手術給付金が受け取れます
入院給付金や手術給付金の支払いには、日数や回数の制限がありません

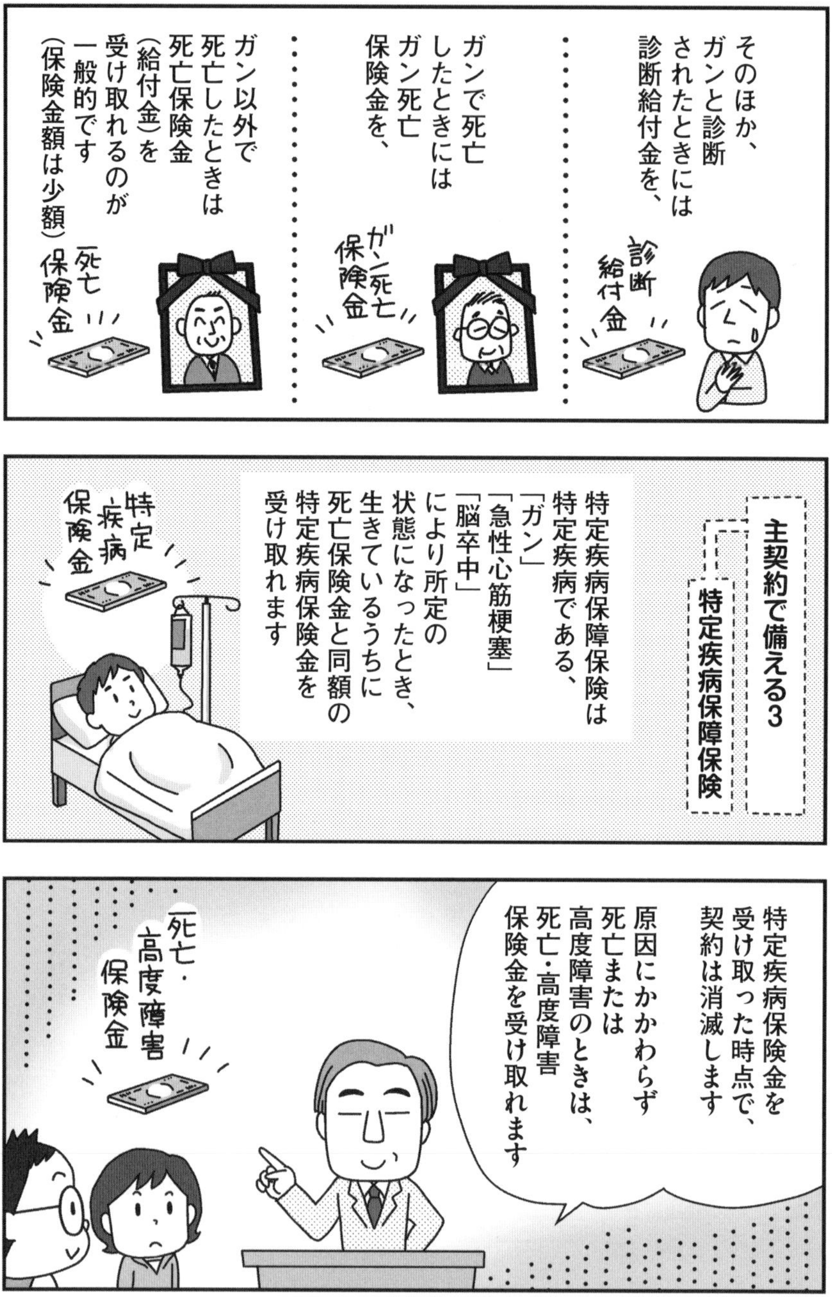
そのほか、ガンと診断されたときには診断給付金を、
診断給付金
ガンで死亡したときにはガン死亡保険金を、
ガン死亡保険金
ガン以外で死亡したときは死亡保険金（給付金）を受け取れるのが一般的です（保険金額は少額）
死亡保険金
主契約で備える3
特定疾病保障保険
特定疾病保障保険は特定疾病である、「ガン」「急性心筋梗塞」「脳卒中」により所定の状態になったとき、生きているうちに死亡保険金と同額の特定疾病保険金を受け取れます
特定疾病保険金
特定疾病保険金を受け取った時点で、契約は消滅します
原因にかかわらず死亡または高度障害のときは、死亡・高度障害保険金を受け取れます
死亡・高度障害保険金

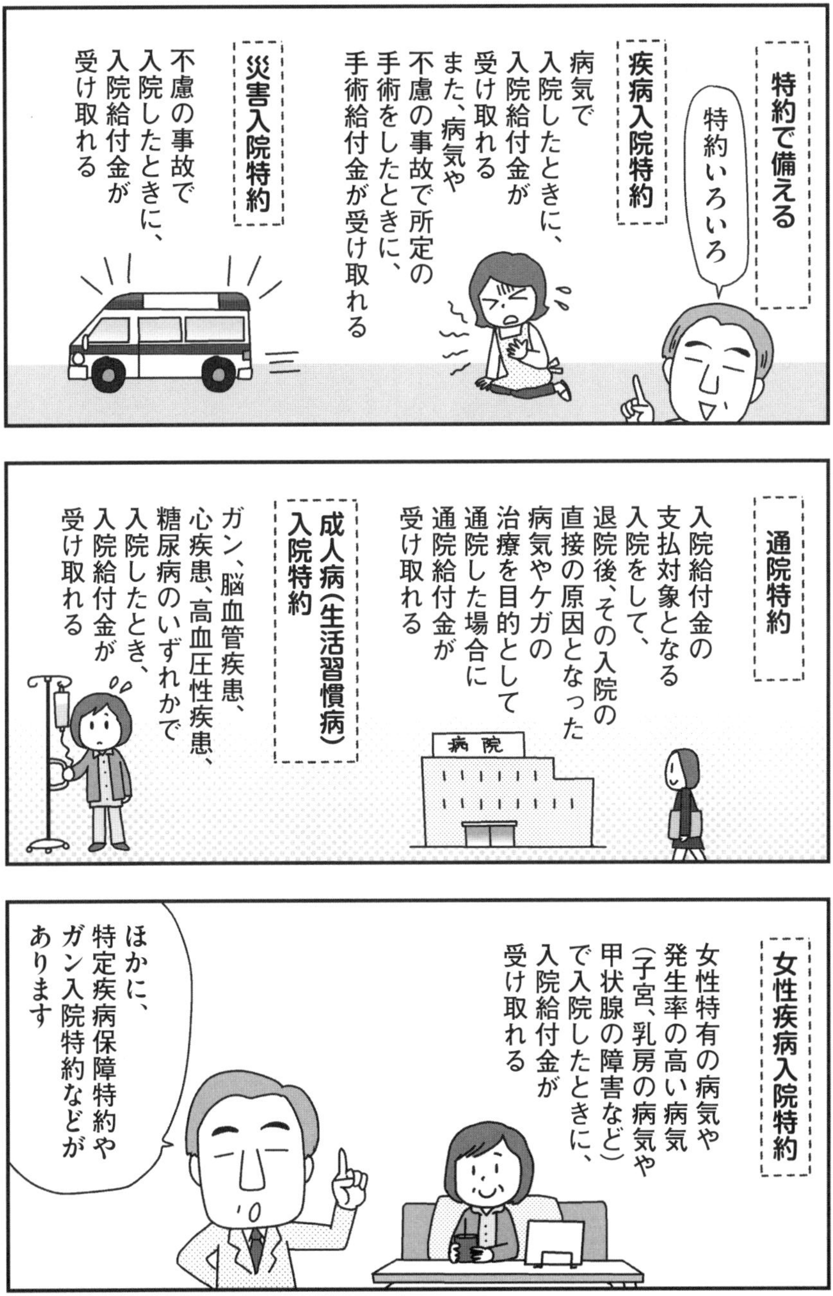
特約で備える
特約いろいろ
疾病入院特約
病気で入院したときに、入院給付金が受け取れる
また、病気や不慮の事故で所定の手術をしたときに、手術給付金が受け取れる
災害入院特約
不慮の事故で入院したときに、入院給付金が受け取れる
通院特約
入院給付金の支払対象となる入院をして、退院後、その入院の直接の原因となった病気やケガの治療を目的として通院した場合に通院給付金が受け取れる
病院
成人病(生活習慣病)入院特約
ガン、脳血管疾患、心疾患、高血圧性疾患、糖尿病のいずれかで入院したとき、入院給付金が受け取れる
女性疾病入院特約
女性特有の病気や発生率の高い病気(子宮、乳房の病気や甲状腺の障害など)で入院したときに、入院給付金が受け取れる
ほかに、特定疾病保障特約やガン入院特約などがあります

Point!

健康保険と国民健康保険は、「医療費の自己負担割合の軽減」や「高額療養費制度」といった基本となる保障は共通していますが、病気やケガをして仕事を休んだときの保障については大きな違いがあります。

健康保険
健康保険では、傷病手当金という給付があります
基本的には会社を休んだ日数に応じて、最長1年半まで平均的な1日あたりの給与の約3分の2相当の給付を受けられます
ほっ
国民健康保険
国民健康保険では傷病手当金の実施が義務づけられていません
自営業者が病気やケガで仕事を休んでしまったら、すぐに収入が途絶えてしまうかも…
ヒー!!
そうしたリスクに備えるために就業不能保険・所得補償保険があります
就業不能保険・所得補償保険
病気・ケガで働けなくなったとき給料のように毎月保険金を受け取れるタイプが一般的です
毎月
働けなくなったときのリスクは、死亡保険や医療保険ではカバーできませんしっかりと保険で備えておきたいところです
自営業の人は入りたい保険ですね

あべさん
所得補償
保険は？
数年前に
入りました！
保険って
新しい商品が
どんどん
販売されるので
いつも
気にして
いた方が
いいそう
ですよ
うちの
保険屋さんが
言ってた
けど
へえー
今の時代、
入院じゃなくて
通院でも
保険金がでる通院特約
だけじゃなくて、
○○病院
通院から
保障！
持病があっても
入れる保険が
できたり
してますもんね
入れます
保険
昔は入れな
かったわ！
やっぱり
保険は必要だし
保険の見直しも
大切ですね
そう
ですね～

6-4 老後資金を確保する保険
①個人年金保険とは
老後資金に備える方法に個人年金保険があります
個人年金保険は、保険料を積み立てて将来、年金を受け取る保険です
公的年金では不足する生活費を準備するなど老後保障を確保するための保険です
不足分
これ必要よー
個人年金保険以外にも、老後の資金不足に備えるさまざまな方法を第3章などで見てきました
えーと…なんだっけ
カギは積立・運用
つみたてNISA!iDeCo!個人年金保険!そして…
「老後も働く」!
がんばります
個人年金保険のしくみを理解したうえで、他の方法とあわせて総合的に検討するとよいでしょう
他のと合わせて
総合的に…ですね

②個人年金保険の種類としくみ

個人年金保険は、契約時に定めた一定の年齢から年金が受け取れます
年金を受け取る期間でいくつかの種類があります

終身年金

被保険者が生存している限り、終身にわたり年金が受け取れる個人年金保険です

終身年金の多くは、最低保証期間が設定されている保証期間付終身年金です

年金

保証期間付終身年金

保証期間付終身年金は、保証期間中は生死に関係なく年金が受け取れ、その後は被保険者が生存している限り終身にわたり年金が受け取れます

保証期間中に被保険者が死亡した場合、残りの保証期間に対応する年金、または一時金が支払われます

年金

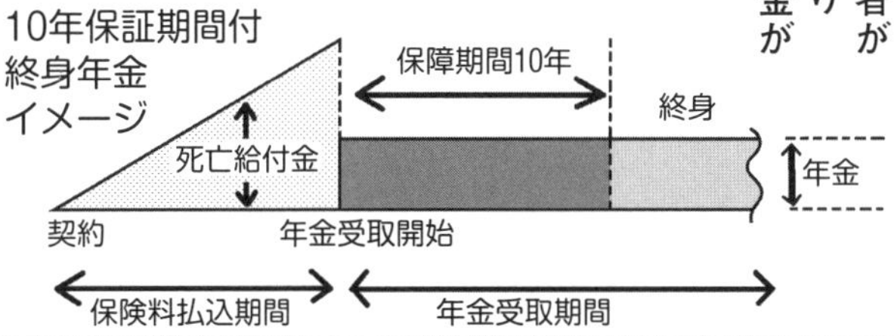
10年保証期間付
終身年金
イメージ
死亡給付金
保障期間10年
終身
年金
契約
年金受取開始
保険料払込期間
年金受取期間

確定年金

確定年金は、生死に関係なく契約時に定めた一定期間、年金が受け取れます

年金受取期間中に被保険者が死亡した場合、残りの期間に対応する年金、または一時金が支払われます

年金

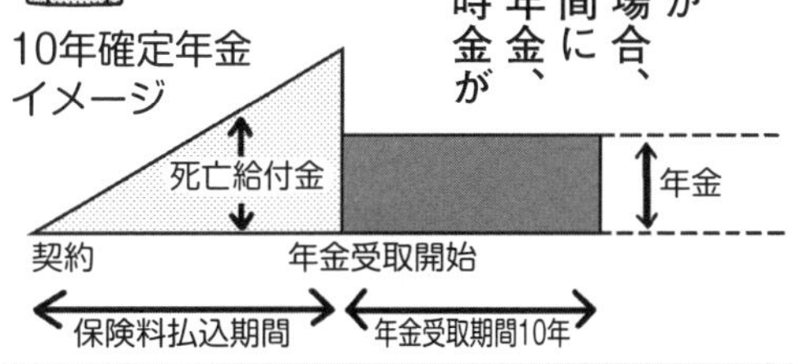
10年確定年金
イメージ
死亡給付金
年金
契約
年金受取開始
保険料払込期間
年金受取期間10年

※図の三角形は、将来の保険金・給付金の支払いに備えて積み立てられる部分です

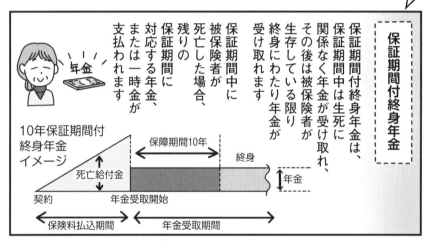

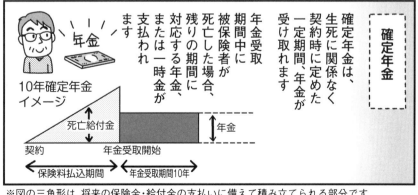

有期年金
有期年金は、契約時に定めた期間に被保険者が生存している場合に限り年金が受け取れます また、最低保証期間が設定されている保証期間付有期年金もあります
年金
保証期間付有期年金
保証期間中は生死に関係なく年金が受け取れ、その後は契約時に定めた年金受取期間中、被保険者が生存している場合に限り年金が受け取れます
年金
保証期間中に被保険者が死亡した場合、残りの保証期間に対応する年金、または一時金が支払われます
夫婦年金
夫婦年金は、夫婦いずれかが生存している限り年金が受け取れる個人年金保険です
③変額個人年金保険
老後の生活資金の準備は安全・確実な方法で行うのが基本です 一方で、安全性を求めると運用の成果が上がりにくいのも事実です
SAFETY!
リスクとリターンは第4章で学びましたが、リスクを伴うがリターンも期待できる商品として変額個人年金保険があります
リスクがあるけどリターンも!?

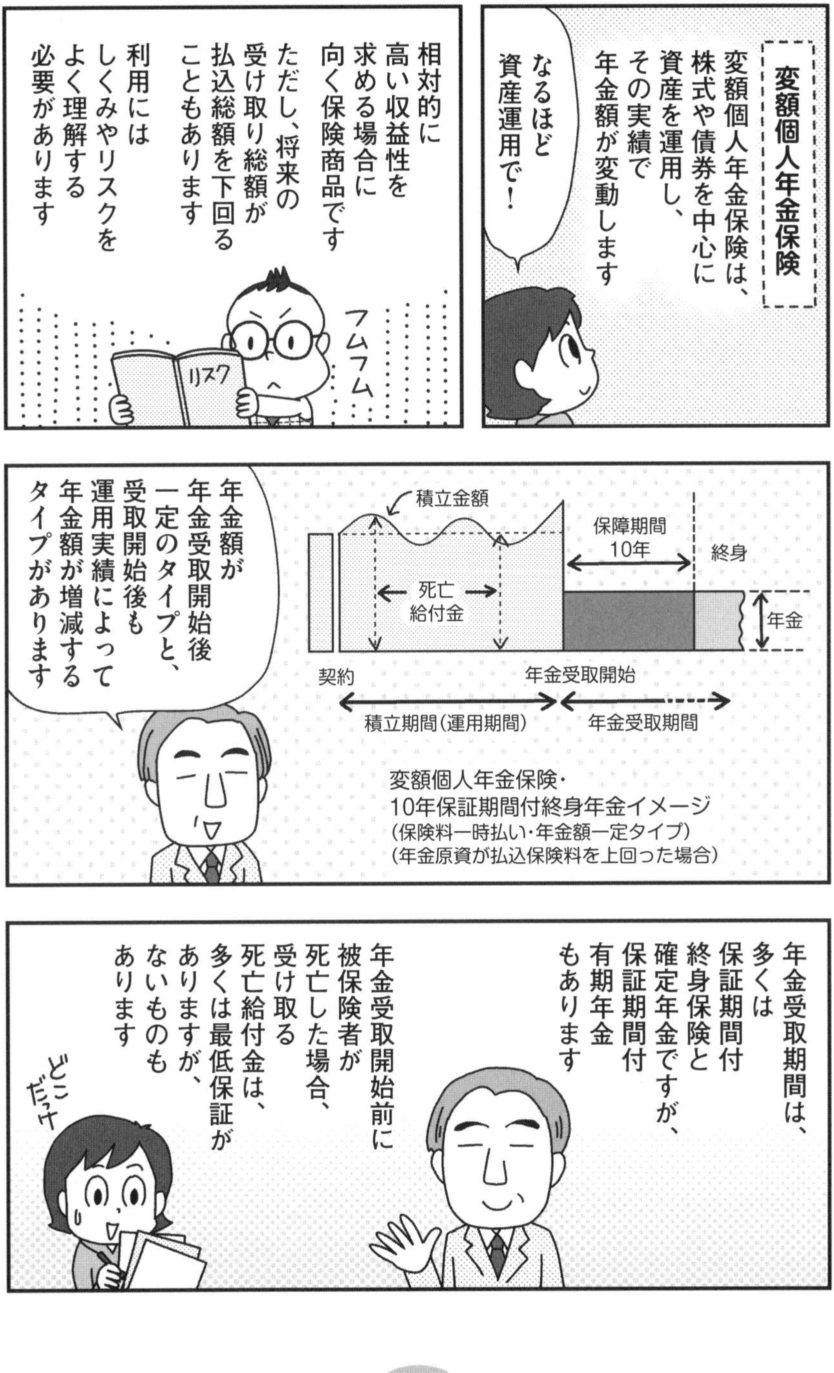
変額個人年金保険
変額個人年金保険は、株式や債券を中心に資産を運用し、その実績で年金額が変動します
なるほど資産運用で!
相対的に高い収益性を求める場合に向く保険商品です
ただし、将来の受け取り総額が払込総額を下回ることもあります
利用にはしくみやリスクをよく理解する必要があります
リスク
フムフム
年金額が年金受取開始後一定のタイプと、受取開始後も運用実績によって年金額が増減するタイプがあります
積立金額
死亡給付金
保障期間
10年
終身
年金
契約
年金受取開始
積立期間（運用期間）
年金受取期間
変額個人年金保険・
10年保証期間付終身年金イメージ
（保険料一時払い・年金額一定タイプ）
（年金原資が払込保険料を上回った場合）
年金受取期間は、多くは保証期間付終身保険と確定年金ですが、保証期間付有期年金もあります
年金受取開始前に被保険者が死亡した場合、受け取る死亡給付金は、多くは最低保証がありますが、ないものもあります
どこだっけ

私、年金型の保険、入ってるんです
へえ、さすが
20代の私に声をかけてくれた保険のお姉さんに心から感謝ですよ
老後のための保険ですよ
この若い私に？
20代は目の前の事をこなすだけで精いっぱいでしたしね
本当ですねー
カラオケ行き倒したよなー♪
目の前のことってカラオケ!?
20代の時に入ったから毎月少しの保険料で将来けっこうもらえますよ！
やっぱりコツコツが大切ですね

Point!

第５章で見たように、自営業者は１階部分の老齢基礎年金しか受給できません

不足分を補う上乗せの年金である国民年金基金やiDeCoへの加入とあわせて、個人年金保険への加入も選択肢の１つとなるでしょう

大切よ！

第6章　保険のことも知っておこう　の　まとめ

「相互扶助」のしくみで成り立つ保険

この章では保険について見てきましたが、保険は大勢の人が公平に保険料を負担し合い、いざというときに給付を受ける、大勢の人による「助け合い」「相互扶助」のしくみで成り立っています。

死亡や病気、ケガ、介護、さまざまな事故などいつ起きるかわからないけれども、いったん起きるとまとまったお金が必要となるようなことがあります。そんな場合に備えておくのが保険です。一方で、大きな病気やケガをせずに、長生きした場合でも、いつまでも十分な収入があるとは限りません。そのような場合に備えて、保険は将来に必要となるお金を、必要な時期や目的にあわせて準備する手段としても利用することができます。

保険には実に多くの種類がありますが、数ある保険を大きく2つに分類すると、「生命保険」と「損害保険」に分けられます。生命保険は、主に「人」に関するリスクに備える保険です。一方、損害保険は、主に「モノ」に関するリスクに備える保険ですが、ケガを補償する保険などもあります。そして、医療保険、がん保険、介護保険などは「第三分野の保険」と呼ばれます。

「人」のリスクに備える生命保険

生命保険には大きく分けて、「死亡保険」「生存保険」「生死混合保険」という3つの基本形があります。この3つの基本形に加えて、病気やケガで入院・手術したときに給付金が支払われる「医療保険」や、特定の病気にかかったときには、まとまった一時金が支払われる「生前給付保険」などもあります。これらの保険を単独で、あるいは組み合わせることで生命保険はできています。

自営業者は会社員等と違って1階部分の国民年金しか加入していません。もし万一のことがあった場合、会社員等の遺族は遺族基礎年金と遺族厚生年金を受給することができますが、自営業者の遺族は遺族基礎年金※しか受給することができません。ですから、自営業者の場合、会社員等よりも大きな死亡保障を確保しておく必要があります。具体的には定期保険や収入保障保険等の保険によって残された家族の生活費などをカバーすることが考えられます。

※遺族基礎年金は、子のある配偶者または子が受給できる。この場合の子は18歳到達年度の末日（3月31日）を経過していない子。

病気やケガに備える医療保険

次に、医療保険についてです。病気やケガに備える保険には、医療保障を主契約とした医療保険やガン保険などに加入する方法と、死亡保障などの生命保険に入院特約や通院特約などの特約を付加する方法があります。

医療保険で保障を確保する場合、公的医療保険で不足する分をカバーするというのが基本です。会社員等の場合は健康保険、自営業者の場合は国民健康保険に加入します。健康保険と国民健康保険は、医療費の自己負担割合の軽減といった基本となる保障は共通していますが、病気やケガをして仕事を休んだときの保障については大きな違いがあります。健康保険の場合、傷病手当金という給付が支給され、基本的には会社を休んだ日数に応じて、平均的な1日あたりの給与の約3分の2相当の給付を受け取ることができます。これに対して、国民健康保険では傷病手当金の実施が義務づけられていません。ですから、自営業者が病気やケガで仕事を休んでしまった場合、すぐに収入が途絶えてしまう恐れがあります。そうしたリスクに備えるための保険に就業不能保険・所得補償保険があります。自営業にとっては、まず検討しておきたい保険といえるでしょう。

老後に備える個人年金保険

老後資金ついては第3章で見ましたが、個人年金保険によって老後に備える方法があります。個人年金保険は、保険料を積み立てることで、将来、年金を受け取ることができるものです。公的年金などでは生活費が足りないので不足分を準備したいなど、老後保障を確保するための保険です。
とくに自営業者は1階部分の老齢基礎年金しか受給することができないので、不足分を補う上乗せの年金である国民年金基金やiDeCoへの加入とあわせて、個人年金保険への加入も選択肢の1つとなります。
老後資金の不足に備えるには、個人年金保険以外にも、これまでさまざまなもの見てきましたが、個人年金保険のしくみを理解したうえで、他の方法とあわせて総合的に検討していくとよいでしょう。

終章

これからのフリーランス・自営業者の働き方

終-1　不安は多いけど、リスクを減らす手は多くある！
さあ、ひととおりフリーランス・自営業者の老後のお金について学んできました
学んでみてどうですか？
は！
はいー勉強できてよかったです
なによりも「不安」は「知らない」ってことから生まれるって思いました
もしかして……
いやでも……
知らないし……
不安なことにはふたをするのが今までの私だったんですけど
ダメでしょ
そのふた、いつかは開けなくちゃならないんで
うっ……
ヤバイ発酵臭
今開けておいてできることはやる！というのがいいなって思いました
おお！いいですね！

先生も一緒に開けましょう！
イヤイヤ！やめてやめて！
帰る！
そんなに怒らなくても！
あべさんの未来によっぽど恐怖を感じたんですね
ハッハー
先生ったら本当に失礼だなぁー
でもねつみたてNISAとiDeCoはやろうと思いました
いいですね！選んだ決め手は？
なによりも私には五千円からっていう金額がいいですね
そんなに少額で大丈夫？とも思うけどコツコツが一番大事かなって
毎月1万円×12カ月5年続けると…
どーん
60万になるじゃん！

私の仕事は毎月の収入は安定しないし
ウチはまだ息子さんに学費がかかるから積立額が少しの方が助かります
後から額を変更できるし!
これから高校生だし!
なるほど
「分散投資」ってお金の運用で勉強しましたけど仕事の仕方も分散がいいなって思いました
それは?
分散投資はどれかが値下がりしてもそんなに痛手を受けないしくみなので
収入も分散収入にできたらいいなって
だから取引先を増やす!
なるほど
数年前からクリエイターの展示会に出展しているんですけど
これはとってもよかったですよ
同業の人やいろんな異業種の方とつながれた
教育系
クリエイター
IT系
レンタル業
ソフト製作

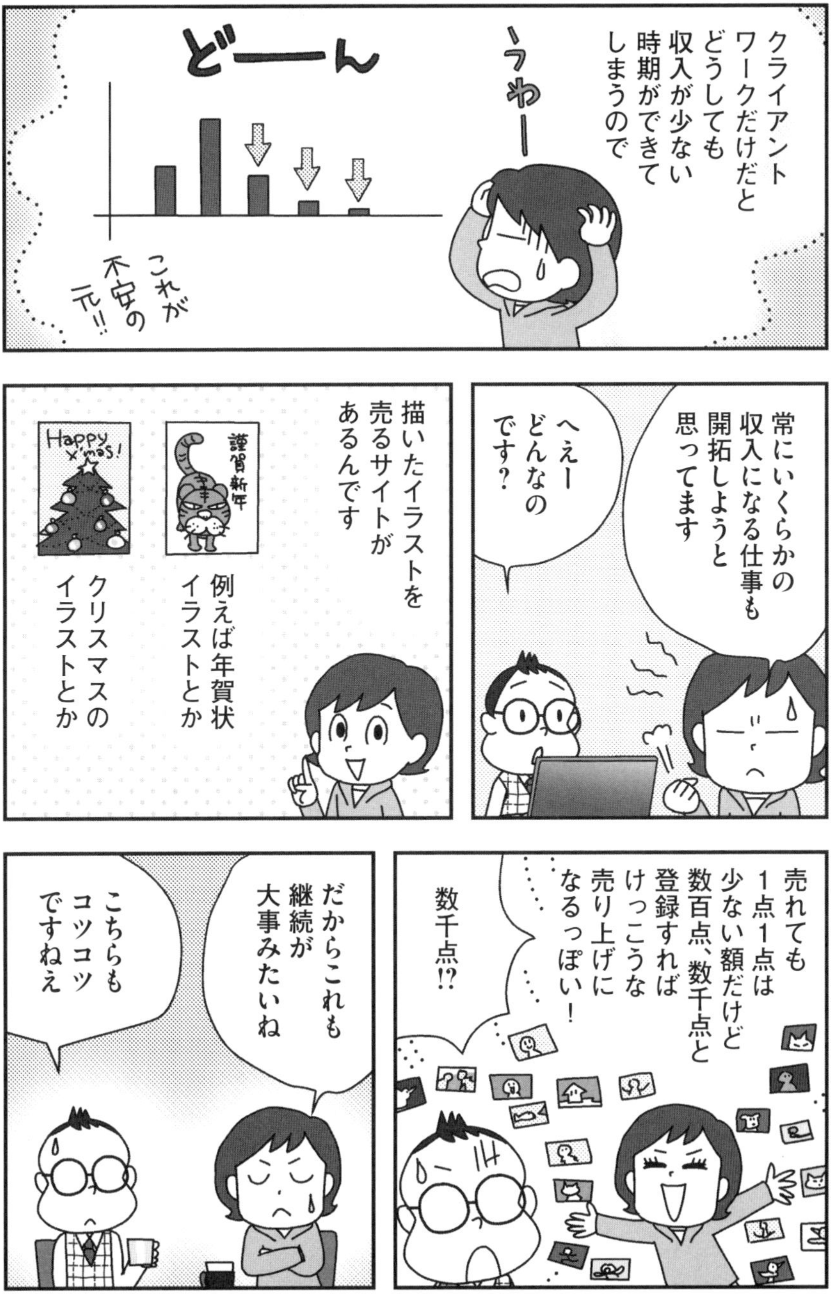
クライアントワークだけだとどうしても収入が少ない時期ができてしまうので
うわー
どーん
これが不安の元!!
常にいくらかの収入になる仕事も開拓しようと思ってます
へえーどんなのです?
描いたイラストを売るサイトがあるんです
例えば年賀状イラストとか
謹賀新年
クリスマスのイラストとか
Happy X'mas!
売れても1点1点は少ない額だけど数百点、数千点と登録すればけっこうな売り上げになるっぽい!
数千点!?
だからこれも継続が大事みたいね
こちらもコツコツですねえ

だが
売れる気しかしない！
獲らぬタヌキなのは承知の上だ
前向きでなによりですねえー
ダンナさんはなんて言ってます？
一緒に仕事をしてるんですよね
はい聞いてみました
ふんふんなるほど
少しづつ貯金…
イラスト制作…
シャキーン
いいよ！
で
オッケイです
なんかイージーだなあ

終-2　この際、「働き方」を見直してみよう

街の本屋さんがどんどんなくなっているよね
えっ!!
ものすごく悲しい
でもそんな中からカフェを併設したり
本の分野を絞ったり
ホテルも兼ねた泊まれる本屋さんなんかも出てきて話題になっている
すごく嬉しい
このコロナ禍で外食屋さんもいろいろ変化した
お持ち帰りランチ
¥550
¥650
¥600
11:00〜15:00
生き残るために形を変えるって
すごい重要なことだよね
Pay

残念ながら閉店してしまったお店もあるけど
えっ!!
35年の歴史に幕
その度に
次は私だ…
とは絶対ならないようにしよう!
って思う
お店の経営とマンガ家じゃあ状況もかかるお金もぜんぜん違うけど
とても人ごととは思えない
私は自営業なので年金が少ないことは今からわかっている
それならできることはなんだ?
働いてお金を貯めとくこと!
老井手先生に基本的なお金の話を聞いて本当によかった
自分のお金を把握したらこれからやることが見えてくる

世の中的にも
副業が
めずらしい時代じゃ
なくなった
いろんなバイトも
試してみたい
でもなにより
自分の得意なことで
収入になったら
もっといい
マンガやイラストの
仕事をがんばるぞ
個人向けの
イラスト販売や
似顔絵の
販売なんかも
できるかも
イラスト入りの
グッズ販売も
似顔絵
と思っていたら、
すでにやっている
人たちが
たくさんいた
ラインスタンプ
¥120
マグカップ
スマホケース
情報を探すのに
ネットや
SNSが
すごく
役立った
ためになることを
発信してくれる人が
たくさんいる
ありがたい!
多くの
クリエイターさんは
収入が安定
しないことに
悩んでいる
お悩み
アンケート結果
私と
おんなじだ!
※クリエイター協会資料

それを変えるために
セミナーやイベントを
開いて情報を公開
している人たちがいる
行ってみよ！
「カセグーン」という
イベントもその一つ
カセグーンで
検索してみてね
いろんな方の
仕事の仕方や
そのきっかけなど
身近な話が
聞けて
刺激になった
イヤマジで
参考に
なるわー
主催者マエダさんに
お話を伺った
きっかけは
他の人の稼ぎ方を
知りたかっ
たんです
フリーランス
デザイナーの
マエダさん
そしてそれを
若い人たちに
伝えたかった
デザイナー歴
15年
例えば
クリエイターの
稼ぎ方って
著名な人の事例しか
知りませんよね
東京に事務所
つくって
デカい仕事
やってる！
とか
※イメージ
です
でも
そうじゃなくても
稼げる方法は
あるって知って
ほしいんです
地方で
地元の会社と
マイペースで
仕事する

教えてくれてありがとう！
また行きたいです
フリーランス・自営業者に役立つ団体も知った
フリーランス協会だ
代表理事 平田 麻莉さん
フリーランスの働く環境を良くしていきましょう！という協会です
年会費1万円で
フリーランスのための保険に入れたり
いろんな福利厚生・施設が使えたりする
トラブルがあったときの弁護士費用も！
フリーランス協会で検索してみてね
フリーランスのための保険
コワーキングスペース
作ってくれてありがとう！
まさにフリーランスのための団体だ！※
人の話を聞いたりつながりを持つのも個人で仕事をしている人にはすごく元気の出ることだと思う
コロナが終わったら出掛けるぞ！
オンラインもいいけどね！

※その他、商工会や、各種業界団体のサポートを受けられることもあるので、関連する団体をリサーチしてみましょう

終-3 変わるフリーランス・自営業者の生き方、繋がり方

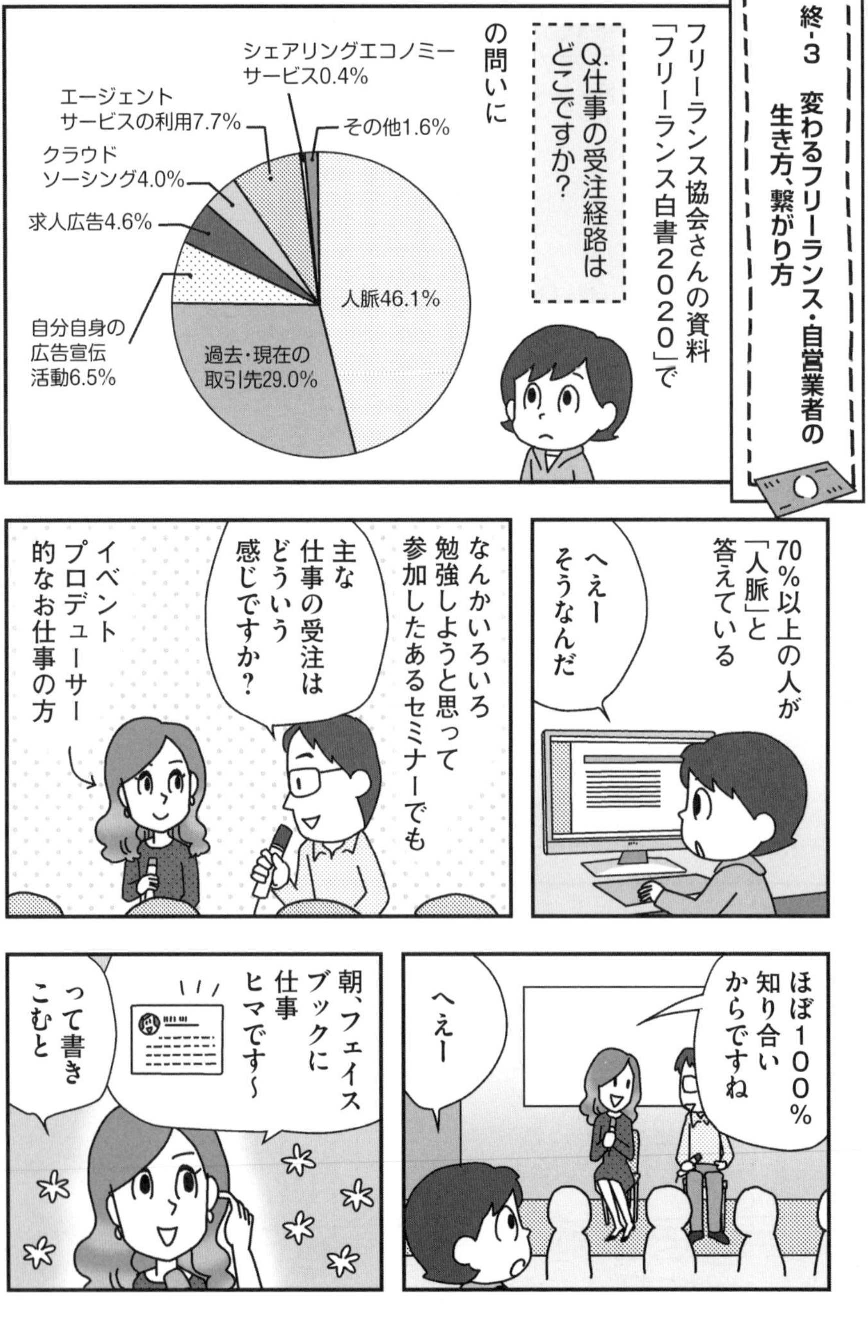
フリーランス協会さんの資料「フリーランス白書2020」で
Q.仕事の受注経路はどこですか?
の問いに
シェアリングエコノミーサービス0.4%
その他1.6%
エージェントサービスの利用7.7%
クラウドソーシング4.0%
求人広告4.6%
自分自身の広告宣伝活動6.5%
過去・現在の取引先29.0%
人脈46.1%
70%以上の人が「人脈」と答えている
へぇー そうなんだ
なんかいろいろ勉強しようと思って参加したあるセミナーでも
主な仕事の受注はどういう感じですか?
イベントプロデューサー的なお仕事の方
ほぼ100%知り合いからですね
へぇー
朝、フェイスブックに仕事ヒマです~
って書きこむと

夕方には2、3本依頼が来ています
うそだろう？
ぬんる!!（ヌルい）
ひとのことをうらやむのはイカン！ってわかってますけど
ナチュラルに毒づきましたね
しかし、「うらやむ」つまり「うらやましい」なら自分もそこを目指すがいいじゃないか
オレは伸びしろだらけだっ！
私自身は人の紹介でお仕事をいただくことがなくはないですがほぼない気がするので
この宝の山は掘らないとな
と思いました
そこで取材も兼ねてセミナーや同業者の集まりに参加しました
（コロナ前）
参加者は20代30代のかたが多くてちょっと場違いかなあと思いましたが
50代

おばちゃんだから
そんなことは
気にしないぜ
まぁー
あら
あら
ガンガン
いっちゃう!
人とのつながり
といえば、
SNSも重要な
ツールですよね
Twitter
Facebook
Instagram
ほか…
私は春に
入院をしてから
なんとなく
気分が上がらず
更新をさぼって
いたのですが
「HPやSNSで
発信していないと
仕事してないと
思われるよ」
という友達の
つぶやきを見て
その
とおりだな
と思い
古くなって
ゆく気がする
ホームページ
仕事の実績を
コツコツアップ
すると

新規のお仕事が
3つも…!
しかも
1週間くらいで
偶然だとは
思うけど
でも
こういうのがきっと
これからの仕事に
つながるんだと思う
ガー
地味にスキャン
マメな更新が
一番大変だけど
コロナが
収まったら
勉強のために
どんどん人に
会おう
これから
楽しみだ
どうですか?
少しは老後の
お金について
前向きな気持ちに
なりましたか?
おうよ!
まだぜんぜん
これから
だけどね!
ほんとだ!
まだ布の服!
初期装備!

まずはやろうと思ったことのスケジュールを立てるよ
そして少しずつ実行していく!
こんぼう
あーでもゆっくりしてちゃダメですよ
いい歳なんで
サンキューそのとおり!
とりあえずNISAとiDeCo申し込む!
NISA
iDeco
それはやっときましょ
あとは締め切り近い仕事を進める!
…
こっちの原稿も最速で!

おわりに

不安を感じること、ありますよねー。
歳とるごとにそんなことが、多くなってくる気がします。
でもね、不安の正体って「知らないこと」らしいですよ。
「知らない」のは、これから起こる未来の事だからなんですって。

だから、いまある不安の箱を開けて中身を調べたら、ちょっとは気持ちが変わるかもしれません。
そして、これからどうすればいいのか見えてきますよ。

ときどきフリーランス・自営業であることに不利だなーって思うこともあるけど、自分で選んだ仕事に後悔とかしたくないですよね。
だって、フリーランス・自営業でがんばってるってホントにスゴイことですよ。
誉められていいです。スゴイよ！　エライ！
そして、きっとみなさんも気になっているのが老後のお金のこと。この本で少しでも、「対処の仕方」を知っていただけたらとてもうれしいです。

私も、つみたてNISAとiDeCoを小額からやりたいと思いますよ。そしてフリーランス協会さんに加入します。あと、仕事を増やす！

フリーランス、自営業者の老後が「しょんぼり」なんてなりたくないから、前向きにがんばりましょう！

いくぜー！　まだまだこれからだ！

最後に、老後のお金について教えてくださった老井手豊先生こと前田信弘先生、やんわりと原稿の進みを見守ってくださった編集の西良幸さんこと東寿浩さん、お話を伺ったカセグーン主催の前田慎也さん、一般社団法人プロフェッショナル＆パラレルキャリア・フリーランス協会の平田麻莉さん、児玉真悠子さん、本当にありがとうございました。

2021年5月　マンガ家　あべかよこ

【著者】
あべかよこ
マンガ家。イラストレーター。
難しい内容をわかりやすく、笑いを加えて解説するマンガが得意。知らないことを調べて、マンガに描くことがライフワーク。資格試験用の解説マンガ、技術やサービスなどの取材マンガ、広告・PR用マンガなどのお仕事多数。取材マンガの本数は現在までに226本以上(2021年5月現在)。
著書に『はじめて家を建てました！』(ダイヤモンド社)、『マンガでやさしくわかる仕事の教え方』『マンガでやさしくわかる親・家族が亡くなった後の手続き』『マンガでやさしくわかるパパの子育て』『マンガでやさしくわかる男の子の叱り方ほめ方』『男子は、みんな宇宙人！世界一わかりやすい男の子の性教育』(以上、日本能率協会マネジメントセンター)、『老後の資金について調べたら伝えたくなったこと』(朝日新聞出版)などがある。

【解説】
前田信弘（まえだ・のぶひろ）
ファイナンシャル・プランナー（1級ファイナンシャル・プランニング技能士、CFP®。長年にわたり、経営、会計、金融、マーケティングなど幅広くビジネス教育に取り組むとともに、さまざまなジャンルで執筆・コンサルティング活動を行う。
著書に『改訂2版　マンガでやさしくわかる日商簿記3級』『マンガでやさしくわかる簿記入門』（以上、日本能率協会マネジメントセンター）、『知識ゼロのNISA & iDeco』（幻冬舎）、『一発合格！FP技能士3級完全攻略テキスト』をはじめとした「一発合格！FP技能士シリーズ」（ナツメ社）などがある。

アラフィフマンガ家が慌ててFPの先生に聞いた
フリーランス・自営業者のための
知っておきたいお金と老後

2021年5月30日　初版第1刷発行

著　者――あべかよこ　© 2021 Kayoko Abe
　　　　　前田　信弘　© 2021 Nobuhiro Maeda
発行者――張　士洛
発行所――日本能率協会マネジメントセンター
〒103-6009 東京都中央区日本橋2-7-1 東京日本橋タワー
TEL 03(6362)4339(編集)／03(6362)4558(販売)
FAX 03(3272)8128(編集)／03(3272)8127(販売)
https://www.jmam.co.jp/

装丁――――吉村朋子
本文DTP――株式会社RUHIA
印刷所―――広研印刷株式会社
製本所―――株式会社新寿堂

本書の内容の一部または全部を無断で複写複製（コピー）することは、法律で認められた場合を除き、著作者および出版者の権利の侵害となりますので、あらかじめ小社あて許諾を求めてください。

ISBN 978-4-8207-2896-2　C0034
落丁・乱丁はおとりかえします。
PRINTED IN JAPAN

JMAMの本

マンガでやさしくわかる
親・家族が亡くなった後の手続き

田中幸宏 著／税理士法人レガシィ 税務監修／
あべかよこ マンガ

だれもが避けて通れない身近な人の死。いざその時を迎えると、葬儀や法要、健康保険、年金、預貯金等の名義変更、相続手続き、相続税など、想像以上に多くの手続きに取り掛からなければなりません。中には、期限が決まっているものや、うっかり忘れると後からトラブルになるケースもあります。そこで、本書では、必要な手続きや相続について、マンガを用いて解説します。ストーリーを通して時系列に沿いながら、ヌケ・モレのないスムーズな手続きのコツをまとめます。

A5判　240ページ

日本能率協会マネジメントセンター

JMAMの本

仕事と介護の両立に悩んだとき読む本

山川 仁 著

今後、介護の問題は家族一人ひとりに重くのしかかってくることが予想されます。働く人びとの中には、働く時間を短くしたり、いわゆる介護離職という形で転職したりする人などもいます。ただ、誰もが、「仕事と介護の両立が難しくなるのか？」というと、決してそのようなことはありません。本書では、仕事と介護が難しくなる事例やデータをもとに「ビジネスパーソンを初めとする働く人びとに必要な、仕事と介護を両立するための知識と心構え」をお伝えしていきます。

A5判　256ページ

日本能率協会マネジメントセンター

JMAMの本

エンジニア 55歳からの定年準備

小松俊明　著

人生100年時代、エンジニアは手に職を持っているので、生涯現役を貫くには有利な立場にあります。しかし、それが再雇用制度になるのか、他社に転職するのか、または独立するのかについては悩みの種です。50代にさしかかった技術者が、エンジニア人生をどのようにフェードアウトさせながら、身につけている技術を活用して仕事の楽しみを持続させ、社会のためになっていくか、その準備をどうしていくかについて、ともに考えます。

四六判　200ページ

日本能率協会マネジメントセンター